인생은

니체에게

물어라

生き方はニーチェに聴け！

IKIKATA WA NIETZCHE NI KIKE!
Copyright ⓒ 2018 by Haruhiko Shiratori

Original Japanese edition published by Discover 21, Inc., Tokyo, Japan
Korean edition published by arrangement with Discover 21, Inc. through
Tony International

이 책은 토니인터내셔널을 통한 권리자와의 독점계약으로 한국어판 저작권은
"NETSWORK"에 있습니다. 저작권법에 의해 한국 내에서
보호를 받는 저작물이므로 무단전재와 무단복제를 금합니다.

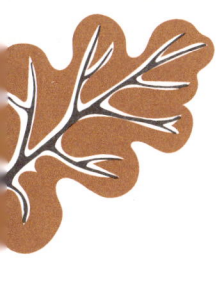

인생은
니체에게
물어라

시라토리 하루히코 지음 | 김진아 옮김 | 김규리 감수

N넥스웍

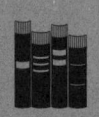

시작하면서

 이 책은 사람이 살아가는 데 꼭 필요한 '자기실현', 즉 자신의 가능성과 잠재력을 온전히 발휘해 진짜 나로 살아가는 것에 대한 지혜를 다루고 있다. 그 지혜의 기반은 19세기에 살았던 철학자, 프리드리히 니체다. 그는 건강 악화로 젊은 나이에 대학을 떠났지만, 이후 재야 철학자로 활동하며 인간 존재와 삶의 본질에 대해 깊이 탐구했다.

 오늘날 수많은 학자들이 그의 사상을 연구하고 해석하고 있지만, 나는 그들과는 전혀 다른 방식으로 니체를 읽는다. 내가 만난 니체는 기존의 모든 구속에서 벗어나 '자기 자신을 실현하라.'라는 메시지를 전하고자 했던 사람이다. 그는 수많은 비유와 상징을 통해 더듬더듬 그 길을 말하려 했고, 그 속에는 지금 우리에게도 깊은 울림을 주는 통찰이 담겨 있다.

내가 이 책을 통해 독자에게 바라는 것은 단 하나다. 니체의 사상을 학자들만이 이해할 수 있는 어려운 철학이라고 치부하지 말았으면 한다는 것이다.

혹시라도 그의 말이 너무 어렵게 느껴진다면, 그것은 니체가 문장 표현에 실패했거나 학자들이 그 의미를 제대로 해석해 내지 못했기 때문일 것이다.

물론 니체의 문장을 그냥 읽으면 도통 무슨 말인지 감이 오지 않을 때도 많다.

그의 저작인 『차라투스트라는 이렇게 말했다』를 예로 들어보자.

이 책에는 '초인'에 대한 여러 표현들이 나오는데, 그중 몇 개를 꼽아보자면 다음과 같다.

❶ '나는 그대들에게 초인을 가르치겠다. 인간은 극복되어야 할 존재다. 그대들은 인간을 극복하기 위해 무엇을 했는가?'
❷ '초인은 대지와 같다.'
❸ '인간은 동물과 초인 사이에 놓인 하나의 밧줄, 즉 심연 위에 걸린 하나의 밧줄이다.'

이 책은 이야기 형식으로 쓰여 있지만, 니체의 표현은 은유와 상징으로 가득하기에 그 뜻을 곧바로 이해하기는 쉽지 않다. 특히 '초인'이라는 단어는 우리 머릿속에 슈퍼맨 같은 특정 이미지를 떠올리게 만들어 오해를 낳기도 한다. 그러나 니체의 문장을 시를 읽듯이 바라본다면 이야기는 달라진다. 그의 독특한 표현은 시적인 은유와 상징으로 이루어져 있으며, 그 속뜻을 하나씩 들여다보면 분명한 메시지가 보인다. 따라서 방금 인용한 부분의 뜻은 다음과 같이 해석할 수 있다.

❶「인간은 그 상태 그대로 머무는 존재가 아니다. 인간은 늘 어제의 자신을 뛰어넘어, 오늘 다시 새롭게 태어날 수 있는 잠재력을 지닌 존재다. 니체는 묻는다. "그대들은 자신을 그렇게 극복하며 살아왔는가?"」

❷「초인이란 끊임없이 자신을 극복하며 변화하는 존재다. 대지를 떠올려 보라. 흙 속에서 싹을 틔우고, 꽃을 피우고, 열매를 맺은 뒤 마침내 죽음을 맞이한다. 그러나 죽음은 끝이 아니다. 대지는 다시 생명을 품어 새롭게 살아난다. 초인도 이와 같다. 자신 안에서 죽고, 다시 태어나며, 끊임없이 새로운 존재가 된다.」

❸「인간이 단지 먹고사는 것만을 추구한다면 동물과 다를 게 없다. 하지만 인간은 그 이상을 꿈꾼다. 지금의 자신을 넘어서 더 나은 존재가 되고자 한다. 그러나 그 길은 결코 쉽지 않다. 마치 깊은 심연 위에 걸린 외줄을 건너는 것처럼 위험하고 불안정하다. 그

럼에도 불구하고 인간은 그 밧줄 위를 조심스레 걸어가며, 균형을 잡아가며, 초인을 향해 나아간다.」

니체가 몇 줄의 문장으로 드러낸 은유에는 이렇게 깊고 풍부한 의미가 숨어 있다.

그리고 이 해석에서도 알 수 있듯, 그가 강조한 핵심은 인간의 자기 초극, 즉 끊임없이 자신을 넘어서는 과정이다.

이 '자기초극自己超克'이라는 단어는 너무 거창해서, 마치 아주 특별하고 심오한 무언가로 느껴질 수 있다. 하지만 전혀 그렇지 않다. 이는 우리가 일상 속에서 늘 경험하는 자기 변화를 가리킨다. 예를 들어 화가 치밀 때 그 감정을 억누르는 것도 자기 초극이다. 더 나아가 상대방과 화해하는 것은 단순히 분노를 억제하는 것보다 더 큰 자기 초극이다.

니체는 말한다. 동물은 위협을 만나면 본능적으로 싸우거나 도망칠 수밖에 없지만, 인간은 그 순간을 의식적으로 마주하며 스스로를 극복하고 성장할 수 있는 존재라고. 그리고 그런 자기초극이 하나씩 쌓일 때, 우리는 이전과는 전혀 다른 사람이 된다. 그게 바로 초인이다. 초인은 어떤 특별한 관문을 통과해서 얻는 자격이 아니라, 자기초극을 꾸준히 실천하는 인간의 모습 자체를 가리킨다.

100년 전 니체가 말한 초인의 개념을 오늘날 우리는 좀 더 익숙한 표현으로 이해할 수 있다. 그것이 바로 '자기실현'이다. 자기실현이란, 우리 안에 잠들어 있는 다양한 가능성을 현실화하여 새로운 나 자신을 만들어가는 과정이다. 그리고 이는 결코 대단하거나 특별한 것이 아니다. 누구나 어릴 때부터 실천해왔으며, 심지어 평소에도 무의식적으로 하고 있는 일이다. 다만 그 과정을 자각하고 의식적으로 실천할 때, 자기실현은 훨씬 더 빠르고 깊이 있게 이루어진다. 이 책이 여러분의 그런 자기실현에 도움이 되기를 바란다.

니체의 사상을 더 깊이 이해하기 위해서는, 그가 어떤

흐름 속에서 생각을 발전시켰는지를 함께 살펴보는 것이 중요하다. 그의 사상은 어느 날 갑자기 튀어나온 것이 아니다. 니체는 그 이전 시대의 여러 사상과 인물들로부터 영향을 받아 사유를 형성해나갔고, 그 뿌리는 소크라테스 이전의 철학자들과 예수, 괴테, 쇼펜하우어 같은 인물들에까지 닿아 있다. 또한 그의 사상은 이후에도 하이데거, 바타유, 헤세, 매슬로우, 푸코, 탈레브 같은 사상가들에게 깊은 영향을 주었다. 이 책은 니체의 자기초극 사상을 중심에 두고 있지만, 앞서 언급한 사상가들의 생각도 일부 함께 담고 있다. 그들 역시 서로 다른 표현으로 '자기실현'에 대해 이야기하고 있기 때문이다.

CONTENTS

1장
나 자신을 충분히 살려라

01 창조는 인생의 기쁨이다 / 19

02 천직은 '찾는' 것이 아니다 / 23

03 과감하게 해보자 / 27

04 감성을 해방하라 / 31

05 나를 열고 대화를 나누어라 / 35

06 진정한 독서를 하자 / 39

07 인생에 노하우는 없다 / 43

08 지성은 지식보다 더 큰 도움이 된다 / 47

09 실제 행동이 나를 바꾼다 / 54

10 나의 내면에서 나오는 동기를 가져라 / 58

11 위험이나 곤란에 도전하자 / 62

12 감동은 에너지의 원천이다 / 67

13 행복이란 능력 발휘를 의미한다 / 71

14 제너럴리스트를 목표로 해보자 / 78

15 독서는 세계를 넓힌다 / 83

16 지겨움이 찾아오는 이유는, 내 성장이 멈췄기 때문이다 / 87

17 인생이라는 여행을 마음껏 맛보자 / 93

18 누구나 풍부한 재능을 가지고 있다 / 98

2장

세간의 가치관에서 벗어나 자유로워져야 한다

19   세상을 따를지 말지는 내가 결정한다   / **105**

20   세상의 가치관에 얽매이지 말라   / **110**

21   나 자신의 가치 기준을 가져라   / **115**

22   자신을 세간의 시선으로 보지 말라   / **119**

23   그 누구도 내 자유를 침해하게 하지 말라   / **123**

24   우선 나 자신을 알아라   / **127**

25   내가 무엇을 하고 싶은지 확실히 하자   / **131**

26   내 나름의 논리가 나다움을 만든다   / **135**

27   나의 인생을 통째로 받아들이자   / **140**

28   인생은 언제나 예측 불가능하다   / **145**

29   우리를 해방시켜 주는 사람이 진정한 스승이다   / **150**

30   감성을 억누르면 능력이 저하된다   / **154**

31   어떻게 죽는지로 인생을 판단해서는 안 된다   / **158**

3장
인생에는 정답이 없다

- 32 인생에서 정답을 찾지 마라 / 165
- 33 안전 따위는 존재하지 않는다 / 169
- 34 문제는 '해결'이 아니라 '해소'해야 한다 / 173
- 35 인간은 이해할 수 없는 존재다 / 178
- 36 머리가 아니라 몸에 지혜가 있다 / 182
- 37 자의식이 없어질 때까지 집중해 보자 / 186
- 38 한 번 성공한 방법이 매번 잘된다는 보장은 없다 / 191
- 39 원인이 있어서 결과가 생긴다는 생각은 버려라 / 196
- 40 친구는 나를 성장시켜 준다 / 201
- 41 선악을 차별하지 않고 받아들인다 / 206
- 42 머리로 생각하는 것에는 한계가 있다 / 210
- 43 변화를 두려워하지 말자 / 214

1장

나 자신을 충분히 살려라

창조는 인생의 기쁨이다

　말도 아직 몇 마디밖에 못 하는 어린아이가 나무 블록을 가지고 놀고 있다. 블록을 높이 쌓아보려 하지만 균형이 맞지 않아 자꾸 무너지고 만다. 옆에서 지켜보던 어른이 손을 뻗어 도와주려 하지만 아이는 그 도움을 뿌리친다. 어떻게든 자기 힘으로 해내고 싶기 때문이다.
　바로 여기에 어른과 아이의 결정적인 차이가 존재한다.
　어른은 완성된 결과를 원하고, 아이는 자기 힘으로 해내는 과정을 원한다. 더 뛰어난 쪽은 누구일까? 아이 쪽이다. 왜냐하면 이 아이의 행동이야말로 바로 진정한 자기실현이기 때문이다.

대부분의 어른들은 창조와는 거리가 먼 삶을 살아간다. 그들의 인생은 끝없는 소비 활동에 가깝다. 이미 만들어진 것들 중에서 고르고, 무엇을 살지 망설여질 때는 다른 사람들이 사는 것을 따라 산다. 질리면 또 새로 산다. 물건을 사기 위한 돈이 중요해지다 보니, 자연히 급여나 보수에도 민감해진다. 그들은 일을 원하는 것이 아니라 일을 통해 얻는 돈을 갈구한다.

직업이나 일 자체는 단지 수단일 뿐이다. 사실은 그 수단마저도 생략하고 곧바로 돈이나 결과만 얻고 싶어 한다. 만약 어린아이가 어른과 같다면, 이미 완성된 블록을 원했을 것이다. 그러나 그런 아이는 한 명도 없다. 어떤 아이든지 자기 손으로 무언가를 만들어내는 기쁨과 보람을 알고 있기 때문이다.

아이에게 '무엇을 할 수 있는가', '무엇을 해내는가', 그리고 '무엇을 창조하는가'는 곧 삶 그 자체다.

진정한 욕구는 자신의 능력으로 얻고자 하는 강한 의지에서 태어난다. 그리고 그 욕구는, 어떤 실패를 겪더라도 끝내 성취하고자 하는 집념 속에서 더욱 단단해진다. 이것은 자신의 잠재력을 외부로 드러내는 행위, 곧 자기실현이다. 그러나 인간은 시간이 지남에 따라 자기실현의 감각을 서서히 잊어간다. 삶의 무게와 일상의 반복 속에서, 그 욕구는 점차 흐릿해진다. 하지만 완전히 사라지는 것은 아니다. 그래서 우리는 틈이 날 때면 무언가에 몰두한다. 모형을 만들거나, 요리를 하고, 시를 짓거나 외국어를 공부한다. 그 몰입과 집중 속에는 단순한 취미를 넘는 깊은 만족감이 깃들어 있다. 그 순간들 속에서, 잊고 지냈던 자기실현의 본능이 조용히 깨어나는 것이다. 그리고 바로 그곳에, 창조의 순수한 기쁨이 살아 숨쉬고 있다.

사실 이런 기쁨은 나의 '일' 속에 살아 있어야 한다. 그렇다면 매일의 일이 곧 삶의 기쁨이 된다.

설령 실패하더라도, 그 과정에 쏟은 정성과 열정은 결

코 헛되지 않다. 왜냐하면 어떤 상황에서도 인간 본래의 욕구에 순응하며 살아가는 삶, 그 자체가 의미 있는 것이기 때문이다. 인생의 기쁨이란 단지 쾌락을 맛보는 것이나, 부를 통해 우월감을 느끼는 데서 오지 않는다. 진짜 기쁨은 나를 충분히 살려낼 때, 즉 스스로를 온전히 살아갈 때 비로소 찾아온다. 그리고 그 기쁨을 깊이 체감한 사람은, 언제 어디서든 활기찬 인생을 살아갈 수 있다.

어린아이는 언제나 자기 손으로 모든 것을
직접 해보려 한다.
그를 움직이는 것은 오직 자신뿐이다.
거기에는 실패도, 성공도 없다.

『차라투스트라는 이렇게 말했다』

천직은 '찾는' 것이 아니다

천직을 찾으려 애쓰는 사람은 어리석다. 그 모습은 마치 안경을 쓰고 있으면서도 안경을 찾겠다며 두리번거리는 사람과 다르지 않다.

더 어리석은 건, 다른 사람에게 천직을 찾으라고 조언하는 사람이다. 그들은 각자에게 꼭 맞는 직업이 어딘가 정해져 있고, 거기서 하나를 고르면 된다고 단순하게 생각한다.

이런 오해는 아마도 '천직'이라는 말 자체에서 비롯되었을 것이다. 이 단어는 독일어의 'Beruf(베루프)', 영어의

'calling(콜링)'에서 유래한 것으로, 원래는 기독교에서 하느님의 부르심에 따라 인간에게 주어진 사명, 곧 신이 내려준 직업을 뜻했다.

하지만 오늘날 이 말은, 자신의 성격이나 능력에 가장 적합한 직업, 혹은 타인을 크게 능가할 정도의 수준으로 해낼 수 있는 일을 가리키는 비유적인 단어로 사용된다.

문제는, 이런 단어가 존재한다는 사실 자체가, '지금 하는 일이 나의 천직이라고 생각하는' 사람이 아주 적다는 것을 반증한다는 점이다. 모든 사람이 각자 천직을 가진 상황이 일반적이라면, 이런 단어는 이미 무의미해져서 사라졌을 테니 말이다.

내가 하는 일이 단지 생활비를 벌기 위한 고된 노동이라고 느껴질 때, 사람들은 자연스럽게 이렇게 고민하기 시작한다.

"도대체 나의 천직은 뭘까?", "나는 어떤 일을 해야 할까?"

하지만 이러한 고민 방식 자체가 잘못된 출발이다. 왜냐하면 이미 존재하고 있는 직업 중에서 하나를 골라야 한다는 전제 아래 사고하게 되기 때문이다.

어느 기업에 들어가서 월급을 받는 것만 목표로 한다면 그것도 괜찮다. 하지만 천직을 원한다면 이야기는 전혀 달라진다.

천직은 자신의 성격, 능력, 감성, 진행 속도 등을 충분히 살릴 수 있는 일이어야 한다. 그렇기 때문에 그 조건을 모두 만족시키는 기업을 무작정 찾는 것보다, 차라리 내가 지금 하는 일 속에서 가능성을 키워가는 편이 훨씬 더 현실적이다.

물론 그건 쉬운 일이 아니다. 그러나 그렇게 살아가는 사람은 분명 존재한다. 가수나 작가, 예술가들이 그렇다. 그들은 누군가를 따라 하지 않고, 자신이 하는 일을 작품으로 만들어 팔고 있다. 그들에게 일은 생계수단이 아니라 자기 존재의 표현이며, 그런 의미에서, 그들은 자신의 일에 사실상 목숨을 걸고 있는 것이다. 반면에 적당한 힘만 들이면서 안정된 수입을 얻고자 한다면, 공무원을 포함해, 그런 직업은 세상에 수도 없이 많다. 다만 그걸 꾸준히 해서 천직이라고 불릴 정도의 수준까지 오를 수 있는지는 또 다른 문제다.

결국 천직인지 아닌지는 남이 판단할 수 없다. 그 일을 통해 내가 얼마나 자유롭고, 살아 있음을 느끼며, 나다워질 수 있는지가 기준이 되어야 한다. 정리하자면, 천직이란 그 일을 통해 내가 나 자신을 더 깊이 살아낼 수 있는가, 즉 그 일이 내 삶 자체가 될 수 있는가를 묻는 문제다.

일에 몰두하는 것은
우리를 악에서 멀어지게 하며
쓸데없는 망상마저도 잊게 해준다.

『인간적인 너무나도 인간적인』

과감하게 해보자

사람들은 누구나 잠재능력을 지니고 있다고들 말한다. 그러면 어떤 사람은 이렇게 생각한다.

'과연 내 안엔 어떤 능력이 숨어 있을까?'

'잠재'라는 말 탓에, 사람들은 그 능력이 감춰져 있어서 보이지 않거나, 아직 발견되지 않은 채 깊숙이 숨어 있는 것이라고 여긴다. 하지만 다른 사람의 눈에는 이미 그 능력이 드러나 보이고 있을 수도 있다. 문제는, 자기 자신만 모르고 있다는 점이다.

예를 들어 한 사람이 어떤 일을 제법 자연스럽고 능숙

하게 해냈다고 해보자.

그 사람은 자신이 잘하고 있다는 사실조차 의식하지 못한 채 그냥 해냈을 뿐이다. 하지만 주변 사람들은 그런 모습을 당연하게 여기며 '그 사람은 원래 그걸 잘하지.'라고 생각한다. 놀라워하지도, 감탄하지도 않는다. 이런 식으로 이미 드러나 있는 능력을 스스로 인식하지 못하고 지나치는 경우가 많다. 잠재능력이란 내 안에 감춰져 있는 미지의 재능이 아니다. 그보다는, 지금까지 내가 의식하지 않았던 나의 일면이라고 보는 것이 더 정확하다.

물론 사람마다 잘하는 일도, 서툰 일도 있다. 그러나 처음 해봤는데 결과가 좋지 않았다고 해서 그 일에 소질이 없다고 단정 지을 수는 없다.

우리는 너무 쉽게 '능력 없음'이라는 꼬리표를 붙인다. 그리고 그 판단은 대부분, 주변 사람들이 자기 기준과 경험 안에서 제멋대로 내리는 판단이다. 특히 이런 꼬리표는 대부분 어린 시절 부모, 형제, 친구, 교사처럼 가까운 이들에게서 붙는다. 그리고 그 말을 그대로 믿어버린 아이는, 스스로 자신의 가능성을 의심한 채 살아가게 된다.

그 믿음을 스스로 깨고 나오는 사람도 있지만, 평생 안고 가는 사람도 많다.

하지만 아이러니하게도, 그런 말을 하는 사람들 대부분은 정작 대단한 능력을 지니고 있지 않다. 그렇기에, 가장 중요한 것은 스스로 직접 해보고 내가 어떻게 느끼는지 살펴보는 일이다. 처음에는 어려울 수도 있다. 하지만 조금이라도 재미를 느꼈다면 그것은 이미 당신 안에 그 일과 연결된 능력이 있다는 뜻이다. 원래 인간은 어느 정도 모든 일에 능력을 갖추고 있다.

가장 나쁜 태도는, 시도조차 해보지 않고 미리 겁부터 먹는 것이다.

해보지 않는 한, 자신이 어떤 능력을 지녔는지 절대 알 수 없다. 처음엔 버겁더라도, 계속 해보다 보면 어느 순간 전혀 새로운 차원에 도달하는 경험을 하게 되는 경우도 많다.

그리고 그때가 바로 지금까지 단 한 번도 본 적 없는 자신의 잠재능력을 처음으로 발견하는 순간이다.

📖

중요한 건 우리가

실제로 행동해보는 것이다.

그 무엇도 두려워하지 말고,

그저 똑바로, 자신 있게

힘껏 해보면 된다.

『즐거운 지식』

감성을 해방하라

어느 맑은 날, 니체가 붉은 우산을 쓰고 잔뜩 신이 난 표정으로 거리를 걸었다. 사람들 눈에는 그 모습이 이상하게 보였을지 모른다. 하지만 그것은 니체가 기쁨에 찬 자신의 감정을 있는 그대로 표현한 행동이었다. 어떤 이들은 그런 니체를 보며, 그가 서서히 미쳐가고 있다고 생각했다. 하지만 그런 생각을 하는 사람들은 아마도 살아오면서 기쁨에 취해 덩실덩실 춤추고 싶은 충동을 한 번도 느껴보지 못한 이들일 것이다.

어른은 늘 절도 있고 이성적인 사회인으로 살아야만

하는가. 희로애락을 있는 그대로 표현하는 것은 경박한 일일까. 물론 장소나 상황을 고려하는 지혜는 필요하겠지만, 솔직하게 있는 그대로의 나 자신으로 보내는 시간은 누구에게나 필요하다. 사회인으로서의 연기를 온종일 이어가다 보면, 언젠가는 '본래의 나 자신'을 잃고 말기 때문이다.

여기서 말하는 '본래의 나'란 완성된 자아를 뜻하지 않는다. 인간은 언제나 형성도중에 있는 존재다. '본래의 나 자신'이란, 타인의 시선이나 사회적 역할에서 벗어나, 나만의 감성과 이해를 지닌 있는 그대로의 자기를 의미한다. 거짓이나 허세, 사회인으로서의 연기, 이해득실을 따지는 계산까지 모두 내려놓은, 알몸 그대로의 나 자신 말이다.

어린아이는 그런 본래의 모습으로 살아간다. 감동하고, 기뻐하고, 놀라며 눈앞의 흥미로운 일에 자연스럽게 집중한다. 그리고 그 과정에서, 스스로의 능력을 개발하고 확장해 나간다.

그러나 이런 감각은 어린아이에게만 있는 것이 아니다.

어른 역시 놀라고, 감동하고, 기쁨을 느낄 때 내면에서부터 살아 움직이는 의욕을 느낀다. 그 감정은 무언가를 새롭게 시작하게 하는 동력이 되며, 창조적인 사고를 불러일으킨다.

그래서일까. 예술가나 창작자에게는 종종 '아이 같은 면모'가 있다고들 말한다.

그들은 사회인으로서 본래 자신을 억제하는 일이 일반인들보다 훨씬 적다.

억제력이 지나치게 강하면, 우리는 이상적인 어른처럼 보일 수는 있다. 하지만 제도와 풍습, 사회적 논리에 얽매여 자유롭고 천진난만한 발상은 잃게 된다.

시스템과 규칙 속에서 루틴을 잘 따르고 실수 없이 일은 처리할 수는 있다. 그러나 기쁨에서 비롯된 창조력은 나오기 어렵다. 니체는 말했다.

"더 많이 기뻐하라."

이는 감정을 무작정 폭발시키라는 뜻이 아니다. '감성을 해방하라.'라는 말이다.

우리가 본래 지닌 감성을 자유롭게 펼칠수록, 본래의 자아가 드러난다. 그 순간 비로소 나의 능력은 활짝 펼쳐지고, 삶은 생동감으로 가득 찬다. 그 기쁨의 리듬 속에서 인간은 진정으로 살아 있음을 느낀다.

기뻐하자.

부끄러워하지 말고, 참지 말고, 마음껏 기뻐하자.

이 인생을 마음껏 즐기며 기뻐하며 살아가자.

『차라투스트라는 이렇게 말했다』

나를 열고 대화를 나누어라

우리는 흔히 '창조'라고 하면 거창하고 대단한 예술 행위를 떠올린다.

하지만 창조는 훨씬 더 가까운 곳, 훨씬 더 사소한 일상 속에서도 이루어진다.

자기 안의 감성을 자유롭게 풀어놓고, 마음이 이끄는 대로 손을 움직이며 몰입하는 모든 순간은 기쁨과 매혹이 깃든 창조의 행위가 된다. 창조는 꼭 예술 작품을 완성하는 것만을 의미하지 않는다. 집에 있는 재료들로 저녁 요리에 곁들일 소스를 만들어내는 것, 이것도 훌륭한 창조다. 어린아이에게는 단순히 나무 블록을 하나하나 쌓는 일조차 위대한 창조다.

흠집투성이인 두세 개의 나무 블록도 그것을 정성껏 쌓아 올린 아이의 눈에는 세상에서 가장 견고하고 아름다운 성처럼 보인다.

또한 처음 만난 타인과 마음이 통하고 인간적인 연결고리가 생기는 것 역시 하나의 창조다. 하지만 명함을 주고받자마자 사업적인 목적을 염두에 두고 식사나 술자리로 이어지는 관계는 창조라고 보기 어렵다. 진정한 인간관계의 창조는, 어떤 이해관계도 전제되지 않은 상태에서 시작된다. 한 사람이 조심스럽게 말을 건네고, 그 대화를 통해 서서히 마음을 열며, 마침내 서로의 진심이 깊이 통하게 되는 순간 비로소 관계가 창조된다.

이처럼 진실된 관계는 언제나 '나를 여는 일'에서부터 시작된다. 하지만 연애를 포함한 모든 관계가 창조적인 것은 아니다. 특히 자신을 열지 않았음에도 열린 척하는 태도, 즉 거짓된 모습은 창조적 관계를 쉽게 무너뜨린다.

이 상태에서는 아무리 시간이 흘러도 진정한 관계가 탄생할 수 없다.

그러나 도중에라도 서로가 마음을 열기 시작한다면, 그 관계는 단번에 창조적으로 변할 수 있다.

이러한 변화의 예는 문학 작품이나 영화 속에서 수없이 발견된다.

뛰어난 작품은 언제나 인물들 사이의 감정과 관계가 어떻게 변해가는지를 섬세하게 그려낸다. 등장인물들이 처음 등장했을 때와 마지막 장면에서 보여주는 모습은 대개 크게 달라지며, 그 변화는 반발, 화해, 용서 등 다양한 형태로 드러난다.

반대로, 인물들의 처음과 끝이 전혀 다르지 않고 아무런 변화도 없는 이야기라면, 우리는 그것을 단조롭고 지루하게 느낄 것이다. 결국, 우리는 무의식적으로 거의 모든 삶의 순간에서 '창조'를 갈구한다. 이는 인간으로서 지극히 자연스러운 욕구이며, 인간을 인간답게 하는 핵심이다.

"친구와 많이 이야기하라.

허심탄회한 대화를 나누다 보면,

자신이 무엇을 어떻게 생각하는지

점점 더 분명히 알 수 있게 된다."

『차라투스트라는 이렇게 말했다』

진정한 독서를 하자

우리는 보통 '책 읽기'를 수동적인 행위로 여기며, 어떤 위대한 결과물을 만들어내는 창조와는 거리가 멀다고 생각한다. 하지만 이미 앞에서 살펴본 것처럼, 창조란 '적극적으로 관여하는 것'이다. 그런 의미에서 책을 읽는 일 역시, 내 의지와 선택으로 시작된다는 점에서 분명한 창조 행위다.

많은 사람은 독서를 그저 '눈으로 문자를 따라가며 내용을 이해하는 행위'로만 생각한다. 물론 지식이나 사고방식을 습득하는 것도 독서의 중요한 부분이다. 하지만 진정한 독서는 단순히 정보를 받아들이는 것 이상을 의미한다.

책을 읽는다는 건, 저자에게 내 마음을 여는 일이다. 마음을 닫은 채 책을 읽는다면, 아무리 쉬운 문장이라도 그 속에 담긴 깊은 의미를 결코 제대로 이해할 수 없다.

왜냐하면 저자는 단순히 정보를 전달하는 것을 넘어서, 자신의 생각과 감정을 고스란히 드러낸 채, 흉금을 터놓고 말하고 있기 때문이다.

이런 저자의 고백 앞에서 우리도 마음을 열어야 한다. 그럴 때 비로소, 저자의 마음이 내 안에 닿으며, 그 진짜 메시지를 깊이 있게 이해하게 된다. 그리고 이 과정을 통해, 우리는 단순히 남의 이야기를 받아들이는 것을 넘어, 새로운 나 자신을 창조하게 된다.

책을 읽기 전의 '과거의 나'는, 읽은 후 '새로운 나'로 변화한다. 내가 어떤 면에서 변화했고, 어떤 능력을 새롭게 갖추게 되었는지를 스스로 자각할 수 있다면, 그것이야말로 독서를 통한 자기 창조라고 할 수 있다.

물론 실용적인 기술이나 정보를 얻기 위해 요점만 뽑아내듯 읽는 독서도 있다.

그런 방식도 분명 효율적이며, 비즈니스 책들에서는 그런 태도를 적극 권장하기도 한다.

그러나 이런 방식은 책을 단순한 도구로 여기는 태도이며, 이는 원하는 아이템을 수집하는 게이머의 태도와 다르지 않다. 상대방을 도구로만 대하는 관계에서는 아무런 창조도 이루어지지 않는다.

연인관계에서도 마찬가지다. 타인을 단지 도구처럼 이용한다면, 성관계는 경험할 수 있을지 몰라도 진짜 연애는 체험할 수 없다. 우정도, 동정도, 신뢰도 겪어볼 수가 없다. 그리고 아무리 시간이 지나도 나 자신은 여전히 예전 그대로일 수밖에 없다.

그곳에 남는 건 성장 없는 나뿐이다. 성장하지 않는 나무는 결코 아름다운 열매를 맺을 수 없다. 그런 나무는 얼마 가지 않아 세찬 바람에 쓰러지거나 해충에 갉아 먹혀 썩고 말 것이다.

읽기 전과 읽은 후,
세상이 전혀 다르게 보이게 만드는 책.
우리가 진짜 읽어야 할 책은 바로 그런 책이다.

『즐거운 책』

인생에 노하우는 없다

초등학생에게 무언가를 아느냐고 물으면 '아직 안 배웠어요.'라고 대답할 때가 있다. 그들은 세상의 모든 지식은 학교 선생님에게 배워야만 아는 것이라 믿는다.

그런 태도가 계속 이어지면, 어른이 되어서도 무엇을 하든 노하우에만 의존하게 된다. 취업, 이직, 섹스, 연애, 결혼, 업무, 육아, 출세, 자기 관리까지 그저 마음 가는 대로 해도 되는 일조차 '노하우'를 찾아야 안심하게 된다.

결국 그들이 하는 일은 그저 누군가의 방식을 흉내 내는 것에 불과하다. 하지만 스스로는 세상의 기준을 따르고 있다고 여긴다. 남들도 그 방식대로 하니까 신뢰할 만하다고 느끼기 때문이다. 이건 마치 "세간에 널리 통용되는 것이 정답"이라는 믿음, 일종의 사회적 신앙이다. 그러나 이런 사고방식은 '나만의 방식'으로 무언가를 시도해보는 자세를 쉽게 무너뜨린다. 이미 검증된 방법이 있으니 굳이 시행착오를 겪을 이유가 없다고 여기는 것이다. 그래서 나만의 방식으로 부딪쳐보고 해결해 보려고 하는 건 비효율적이고 쓸데없는 짓이라고까지 생각한다.

하지만 그렇게 살다 보면 내 인생의 일부가 완전히 사라지고 만다. 왜냐하면 인생은 '스스로 만들어가는 것'이기 때문이다. 지나치게 효율만 따지다 보면 착각하게 된다. 마치 인생이 정해진 매뉴얼대로만 움직이는 무대처럼 보이게 되는 것이다. 그러나 인생은 그런 곳이 아니다.

인생이란, 매일의 순간을 스스로 창조해나가는 장이다. 오늘 내가 직접 해낸 일이, 내일의 나를 만든다.

나만의 방법이 아직 없더라도, 끝까지 해보겠다는 태

도가 내일을 여는 열쇠가 된다.

그게 귀찮아서 기존의 노하우에만 의존한다면, 그건 보이지 않는 타인에게 원격조작을 당하는 것과 다르지 않다. 점괘나 종교, 정치에 기대는 것 역시 마찬가지다. 모든 일을 잘해야 할 필요는 전혀 없다. 남들보다 서툴러도 괜찮다. 내가 마지막까지 직접 해낸 일만이 진짜 내 인생을 만들어준다.

물론 어떤 일을 잘 처리해서 인정받고 싶을 수 있다. 성과가 월급이나 평가에 직결되는 경우엔 더더욱 그렇다. 그럴 때 우리는 더욱 노하우에 의지하고 싶어진다.

그러나 그럴수록, 기존 노하우에 내 나름의 방법이나 감성을 더해 나만의 색을 짙게 해야 하지 않을까. 그래야 어떤 일을 하든 비로소 보람이라는 것이 생겨날 테니 말이다. 그리고 그 보람이야말로 삶을 실감하게 해주는 순간이자, 나만의 독자성이 빛나는 지점이다.

우리의 모든 행동 하나하나가

우리 자신을 새롭게 만들고,

다양한 방식으로 변화시킨다.

내일의 나는,

지금 이 순간부터의

내 행동으로 만들어지는 것이다.

『생성의 무죄』

지성은 지식보다 더 큰 도움이 된다

세상에는 두 가지 유형의 사람이 있다.

하나는 다른 이들이 지성을 발휘해 얻어낸 경험의 성과를 많이 알고 있는 사람이고, 다른 하나는 직접 경험을 통해 지식과 기술을 익힌 사람이다.

첫 번째 유형의 사람들은 주로 학교 교육을 통해 남이 정리해 놓은 지식을 배운다. 공식이나 요약본, 역사 교과서의 문장을 암기해 머릿속에 저장하고, 그 저장량이 많을수록 유능하다는 평가를 받는다. 실제로도 많은 기업들이 그런 사람들을 쓸모 있는 인재로 받아들이곤 한다.

반면, 두 번째 유형은 학교에서 배운 지식도 어느 정도 가지고 있지만, 무엇보다 자신의 경험을 통해 지식과 기술을 체득한 사람이다. 그 지식과 기술은 수많은 시행착오와 실패, 성찰 속에서 얻어진 것이며, 하나의 능력으로 몸에 배어 있다. 하지만 이런 능력은 시험지나 평가표로는 절대 측정할 수 없다.

실제로 인류의 오랜 역사 속에서는, 이 두 번째 유형과 같은 방식으로 지식과 기술을 익힌 사람들이 대부분이었다. 왜냐하면, 과거에는 지식을 체계적으로 가르쳐주는 학교 자체가 존재하지 않았기 때문이다. 그래서 사람들은 모든 것을 직접 부딪치고 겪으며 배울 수밖에 없었다. 이 점에 대해 에리히 프롬은 그의 저서 『존재의 기술』에서 이렇게 말한다.

"원시인은 살아남기 위해 관찰을 통해 배워야만 했다. 날씨의 변화, 동물의 움직임, 타인의 행동을 주의 깊게 살피지 않으면 생존할 수 없었다. 그렇게 파악한 내용을 바탕으로 직접 몸을 움직이며 반복하고 익히는 과정을 통해, 특정한 기술이 자연스럽게 길러졌다. 그 기술은 단순히 누군가가 가르쳐 준 요약이나 '20가지 팁' 같은 걸 외운다고 생기는 것이 아니었다. …중략…

반면, 오늘날의 교육은 사고력이나 상상력을 기르는 데 거의 도움이 되지 않는다. 현대인들은 혼자서 스스로 생각하려 들지를 않는다. 학교나 대중 매체에서 제공하는 정보만을 외울 뿐, 자신이 직접 관찰하고 고민해서 알아내야 할 것들에 대해서는 거의 무지한 상태다. 게다가 요즘은 대부분의 물건이 너무 편리하게 만들어져 있어서, 그것을 사용하는 데조차 사고나 기능이 별로 필요하지 않다."

오늘날의 사람들은 풍부한 지식을 바탕으로 사물을 능숙하게 다루는 데는 익숙하다. 하지만 그 지식은 대부분 직접적인 관찰과 경험을 통해 얻은 것이 아니다.

그렇기에 인간으로서 삶을 주체적으로 헤쳐 나가는

데 필요한 살아 있는 힘은 오히려 원시인보다 훨씬 낮다. 여기서 말하는 '기술'이란, 비즈니스 책에서 흔히 나오는 단순한 요령이 아니다. 끊임없는 시행착오와 체험을 통해서만 얻을 수 있는, 넓은 응용력을 가진 고유한 능력이다.

그러나 현대 사회는 이런 능력보다 측정 가능한 지식에 더 높은 가치를 부여한다. 예를 들어, 더 많은 급여를 받는 일자리를 얻으려면 학력이 높은 사람이 유리하다. 기업 입장에서는 그런 사람이 더 다루기 쉽고, 그의 지식 저장량을 수치로 측정하기도 편리하기 때문이다. 공무원 시험은 바로 그 지식량을 평가하는 대표적인 제도라 할 수 있다.

하지만 그런 사람은 인공적으로 만들어진 좁은 시스템 안에서만 살아갈 수 있다. 매뉴얼에 따라 조작하고 처리하는 일 외에는 할 줄 아는 것이 없기 때문이다. 그러나 본인은 그걸 자각하지 못한 채, 배치된 부서의 책상에 앉아 도시 계획에나 매달리다가, 결국 추악하고 살기 힘든 도시를 만들어내고 만다.

이럴 때 필요한 것이 바로 '지성'이다. 지성은 변화에 유연하게 대처하고, 예측 불가능한 상황 속에서도 무너지지 않도록 버티게 해주는 내면의 힘, 곧 근력과 같다. 반면, 지식은 그저 도구일 뿐이다. 지성이라는 근력이 뒷받침되지 않으면, 아무리 많은 지식을 쌓아도 제대로 활용할 수 없다. 따라서 지식을 많이 지닌 것과 지성이 있는 것은 전혀 다른 문제다. 하지만 사람들은 종종 이 둘을 혼동한다.

지성이란, 끈질긴 관찰과 반복된 시행착오를 통해 어떤 일의 핵심을 꿰뚫고, 그것을 실제 삶에 유용하게 적용하는 능력이다. 반면, 지식은 그저 그 결과의 뼈대나 그림자에 불과하다. 핵심이 빠져버린 지식은 생명력을 잃는다. 마치 맛과 향이 모두 빠져나가, 더 이상 우려낼 것도 없는 밍밍한 차처럼 말이다.

다 우려내어 아무것도 남지 않은 지식은, 교과서에 실린 피타고라스의 정리를 통째로 암기해 머릿속에 쌓아두

기만 하면서, 정작 그것을 어디에 어떻게 쓸지 모르는 경우와 같다. 반면, 지성 있는 사람은 직각삼각형 자를 가지고 놀다가, 거기서 스스로 어떤 규칙을 발견하고 흥미를 느낄 줄 아는 사람이다. 물론 그렇게 하다 보면 시간이 오래 걸리고 다른 과목 성적은 떨어질 수도 있다. 하지만 이런 경험이야말로 나중에 다른 분야에서도 통하는 진짜 힘이 된다.

결국, 지성은 나 자신의 능력을 발휘해 세상을 살아갈 수 있는 진짜 힘을 말한다.

이 지성은 의도적으로 키워낼 수는 없다. 수많은 우연과 개성이 얽힌 나만의 경험 속에서, 자연스럽게 길러지는 것이기 때문이다.

공부하고 책을 읽는 것만으로는

결코 현명해질 수 없다.

인간은 다양한 체험을 통해서 비로소 현명해진다.

그리고 체험할 때는,

그 일에 온전히 몰입하는 자세가 무엇보다 중요하다.

『방랑자와 그 그림자』

실재 행동이 나를 바꾼다

자기실현은 대단한 것이 아니다. 거창한 목표를 세우고, 이를 향해 열심히 나아가는 것만이 전부가 아니다. 자기실현은 그저, 지금까지의 안일한 태도나 익숙한 습관을 넘어서며, 조금씩 새로운 내가 되어가는 일이다. 이 책의 초반에서도 언급했듯 분노를 억누르거나 화해와 용서를 선택하는 일 역시 더 높은 의미의 자기실현이다.

이런 내면의 변화는 겉으로는 잘 드러나지 않지만, 나에게는 깊은 의미를 지니며, 때로는 그 자체로 하나의 '구원'이 되기도 한다.

'구원'이라는 말을 들으면 많은 사람들은 종교적인 개념을 떠올린다. 하지만 종교를 믿는 사람에게 "구원이란 무엇인가?"라고 물어보면, 돌아오는 대답은 대개 추상적이고 모호하다. 어떤 신비한 힘에 의해 주어지는 것으로만 생각하기 때문이다.

그러나 진짜 구원이란, 나 자신이 변화하고, 그로 인해 내 삶의 상황도 긍정적으로 달라지는 것이어야 한다. 그렇지 않다면, 그건 구원이라 부를 수 없다. 그런 의미에서 자기실현은 가장 구체적이고 실천 가능한 구원의 한 형태다. 자기실현은 나의 태도와 말투, 행동을 바꾸어 결국 나 자신을 변화시킨다. 그리고 내가 바뀌면 주변의 상황도 조금씩 달라지기 시작한다. 지금까지 내 삶을 힘들게 만든 요인 중 하나가 내 태도였기 때문이다.

이러한 내적인 자기실현의 기회는 언제나, 누구에게나 일상 속에 널려 있다.

말투를 바꾸는 것도, 사소한 행동을 바꾸는 것도 모두 자기실현이 될 수 있다. 책을 읽고 생각을 바꾸거나, 새로운 공부를 시작하는 것도 자기실현이다. 그리고 청소, 빨래, 요리 같은 집안일조차도 마음을 다해 집중하면 나를 성장시키는 중요한 경험이 된다.

불교에서는 노동을 '작무(作務)'라 부른다. 이는 노동이 단순한 일이 아닌, 삶 속에서의 수행이라는 뜻을 담고 있다. 일본의 가마쿠라 시대의 승려 도겐도 그의 저서『쇼보겐조正法眼蔵』에서 작무나 집안일 등이 얼마나 중요한지를 설파하고 있다.

기독교 신학이 성직자를 통해 가르치는 구원은 너무나 추상적이고 환상적이어서 일반적으로는 이해하기 어렵다. 그러나『신약성서』에서 예수가 '당신은 구원받았다.'라고 하는 장면을 잘 읽어보면, 그 진짜 의미가 보다 분명하게 드러난다. 예수는 어떤 사람이 지금까지의 삶의 방식, 생각과 행동을 근본적으로 바꾸었을 때 '당신은 구원받았다.'라고 선언한다.

반대로 구원받지 못하는 사람은, 시간이 아무리 지나

도 여전히 과거의 자신에만 집착하는 사람, 어린아이 같은 솔직함을 갖고 있지 않은 사람, 의심과 경계심을 내려놓지 못하는 사람이다.

애초에 그러한 사람들은 자기 태도나 행동을 바꿀 마음조차 갖고 있지 않다.

결국, 예수가 말한 구원이든, 자기실현에 의한 구원이든, 그 핵심은 같다. 누군가가 나를 구해주는 것이 아니라, 나 스스로의 '실제 행동'만이 나를 구원할 수 있다.

아무리 나이를 먹어도
인간은 끝없이 변화할 수 있다.
점토처럼 얼마든지
원하는 모습으로 자신을 빚어갈 수 있다.

『생성의 무죄』

나의 내면에서 나오는
동기를 가져라

많은 사람들은 생활비를 벌기 위해, 가족을 부양하기 위해, 혹은 출세를 위해 일한다. '무엇인가를 위해 일한다.'라는 말은 겉보기에 겸손하게 들릴 수 있지만, 이는 어쩌면 자신의 욕망이나 재능을 감추려는 태도일지도 모른다. 어떤 목적을 이루기 위해 일한다는 건, 결국 그 목적을 위해 나 자신을 수단이나 도구처럼 취급하고 있다는 뜻이기 때문이다.

인간은 도구가 아니다. 그럼에도 도구처럼 쓰이고 있다면, 그것만큼 비참한 일도 없다. 도구는 목적을 이루기 위해 사용되고, 목적이 달성되면 버려진다. 말 그대로 '쓰고 버리는 존재'가 되는 것이다.

누군가에게 도움을 요청하는 것과 누군가를 도구처럼 여기는 것은 얼핏 보면 비슷해 보일 수 있다. 하지만 이 둘은 본질적으로 다르다. 전자는 인간을 하나의 '의지하는 존재'로 인정하는 관계이고, 후자는 인간을 수단으로 전락시킨다. 내가 단지 돈을 벌어오는 수단, 자식을 낳기 위한 수단, 이익을 창출하는 수단으로 여겨지거나 혹은 스스로 그렇게 여긴다면, 그것은 최소한의 자존심마저 짓밟는 일이다. 그건 하나의 모욕이다.

하지만 머리로는 그런 사실을 알고 있다 하더라도, 막상 눈앞에 보상이 주어지면 우리는 쉽게 흔들린다. 그 순간 '왜 일 하는가'보다는 '무엇을 받을 수 있는가'에 집중하게 되고, 스스로를 목적이 아닌 수단으로 취급하게 된다.

높은 보수가 예상되면 그 보수를 위해 나를 도구화하게 되고, 목표나 꿈을 좇을 때도 마찬가지다. 그것들이 말의 코앞에서 흔들리는 빛나는 당근처럼 느껴지기 시작하면, 그 목표를 달성하는 데 도움이 되지 않는 것들은 아예 신경조차 쓰지 않게 된다. 그래서 어떤 경영자나 상사는 종종 비정해지기도 하고, 직원을 도구로만 보게 되는 것이다.

하지만, 꼭 나를 도구로 삼고 남을 이용해야만 목적을 이룰 수 있는 것은 아니다.

핵심은 동기의 방향이다. 외부에서 주어지는 보상이나 인정이 아니라, 내 안에서 자연스럽게 솟아오르는 동기에서 출발할 수 있어야 한다.

내면의 동기는 거창한 것이 아니다. 그저 '이건 내가 꼭 해내고 싶다.'라는 강한 열망, 거의 사랑에 가까운 감정에서 비롯된 순수한 의지다. 그 안에는 체면도 계산도 없다.

심지어는 '이걸 해내지 않으면 내 존재 의미가 사라지는 건 아닐까?' 하는 절실함마저 담겨 있다. 내면에서 우러나오는 이런 충동은 외적인 보상보다 훨씬 더 강력하다.

이처럼 진정한 동기를 가질 때, 내가 하는 모든 노력은 아무리 고생스럽더라도 '나만이 감수해 낼 수 있는 인생의 기쁨'으로 변해간다.

그렇게 되면 보수 같은 외적 보상이 중심이 되지 않고, 나 자신으로 살아가는 데서 오는 진짜 보람과 의미를 느낄 수 있다.

사소한 것이라도 좋다.
어떤 하나의 계기라도 찾아내
나 자신을 행복하게 하라.
최대한 기분 좋게 살아가라.
그렇게 내가 진정으로 하고 싶은 일을 하라.

「생성의 무죄」

위험이나 곤란에 도전하자

일반적으로 사람들의 큰 호응을 얻는 모험담에는 다음과 같은 공통된 패턴이 있다.

미지의 땅으로 여행을 떠난 주인공이 온갖 적을 물리치고 어려움을 극복한 끝에 마침내 원하던 것을 얻는다. 그리고 다시 돌아와, 자신이 떠났던 곳의 사람들의 삶을 전보다 더 풍요롭게 만든다.

이런 모험 이야기는 우리의 삶을 상징적으로 보여준다. 앞을 가로막는 장애물이 아무리 험난하더라도, 주인공은 결국 모든 것을 극복하고 해피엔딩을 맞이한다. 이런 이야기는 청소년들에게 앞으로의 삶을 살아가는 데 필요한 용기와 기개를 심어준다. 하지만 현실을 살아가고 있는 우리는 어떤가? 영웅과는 거리가 먼 겁쟁이다. 이야기 속 주인공처럼 용기 있게 적과 싸우거나, 위험과 어려움을 극복하려 하지 않고, 오히려 귀찮다는 이유로 피하거나 도망치려 한다.

물론 현실에서는 괴물도 악마도, 깊은 협곡 사이에 놓인 흔들다리도 등장하지 않는다.

하지만 잘 들여다보면, 우리의 삶에도 '괴물'은 존재한다. 누군가에겐 까다로운 부모나 상사, 누군가에게는 도무지 하고 싶지 않은 업무가 바로 그런 존재다. 너무 하기 싫은 일이 반복되다 보면, 그 자체가 피하고 싶은 위험한 장소로 느껴지기도 한다.

그런 상황에서도 모험담의 주인공은 고뇌하면서도 결국 난관을 극복해낸다. 그게 가능한 이유는 허구이기 때문이 아니라, 극복하려는 의지가 있기 때문이다.

우리 역시 인생이라는 이야기의 주인공이다. 따라서

마주한 곤란과 어려움을 넘고 극복하지 않으면, 앞으로 나아갈 수 없다.

운동선수가 부상을 극복하고 경기장에 복귀했을 때, 우리는 열렬한 박수를 보낸다. 그 모습이 단순한 감동을 넘어, 현실을 살아가는 우리 자신에게 깊은 울림을 주기 때문이다.

우리도 마음속 깊은 곳에서는 알고 있다. 현실의 어려움과 마주하고, 장애물을 넘을 때 비로소 삶이 바뀌기 시작한다는 것을.

물론, 어려움 앞에서의 첫걸음은 언제나 가장 두렵고 힘들다. 하지만 그 첫발만 내디디면, 그다음부터는 생각보다 버틸 만하다. 모든 시작이 그렇다. 막상 해보면 견딜 수 있다.

그리고 그런 도전에는 언제나 보상이 따른다. 단순히 '해냈다.'라는 성취감만이 아니다. 그 과정에서 지금껏 몰랐던 나의 진짜 힘을 발견하게 된다.

싫어하는 일이나 어려움에 맞서다 보면, 지금까지 알

지 못했던 관점이나 지식이 그곳에 묻혀 있었음을 깨닫게 된다.

예를 들어, 어려운 책을 억지로 읽어 내려가다 보면, 사실은 그렇게 어렵지 않다는 것도 깨달을 수 있고, 그 저자의 생각이나 견해도 알 수 있다. 사람도 마찬가지다. 싫다고 멀리했던 누군가를 막상 가까이서 마주하다 보면 그 사람의 생각이나 견해, 독특한 세계관을 이해하게 되는 순간이 온다. 이런 순간들이 쌓이면, 우리는 전보다 더 넓은 시야와 새로운 감각을 얻게 된다. 말하자면 또 하나의 '눈'을 가지게 되는 셈이다. 그건 결국 내 능력과 삶의 폭을 확장시키는 진짜 보상이 된다. 이렇게 얻은 보물은 앞으로의 인생을 훨씬 더 풍요롭게 해줄 것이다.

자기 자신으로 살아가려면

곤란과 고뇌, 빈곤과 실의 그리고

이를 이겨내려는 노력과 극복이 반드시 필요하다.

괴로움을 피하고 싶은 마음은 당연하다.

하지만 당신이 진정으로 바라는 삶은,

바로 그런 어려움 너머에서 빛나고 있다.

『인간적인 너무나도 인간적인』

감동은 에너지의 원천이다

　사람들은 흔히 젊을수록 가능성이 크고, 나이가 들수록 가능성이 줄어든다고 생각한다. 하지만 그것은 단지 현재 눈에 보이는 상태를 기준으로 판단한 것일 뿐이다. 나이가 들었다는 이유만으로 가능성이 줄어드는 건 아니다.

　중년과 노년에 가능성이 낮아지는 가장 큰 이유는 감동할 일이 줄어들기 때문이다. 감동이 줄어들면 그에 따라 감수성도 좁아진다. 그러나 미래의 가능성은 감수성의 폭에서 비롯된다. 가슴이 움직이는 사람만이 새로운 가능성을 품을 수 있다.

 젊은이들은 감수성이 폭넓고 풍부하다. 그래서 쉽게 의기소침해지기도 하고 폭발하듯 기뻐하기도 한다. 때로는 감정에 이끌려 충동적으로 움직이고, 깊이 생각하지 못한 채 성급하게 판단할 때도 많다. 반면에 중년과 노년이 되면 세상의 여러 일들에 익숙해져서 좀처럼 감동하는 일이 없다. 그들의 무표정하고 차분해 보이는 태도 그 이면에는 무뎌진 감수성이 자리하고 있을 것이다. 어느 쪽이든 간에 장단점이 있으나 나이에 상관없이 감동하는 마음을 잃어서는 안 된다.

 가슴이 떨리는 순간, 그 황홀한 감정은 몸과 마음에 새로운 생기를 불어넣고, 그것이 곧 삶을 밀고 나아가는 에너지의 원천이 된다.

 위대한 인물들의 일기나 편지를 읽어보면 그들이 얼마나 활기 넘치는 젊은 마음으로 매일매일을 생활했는지 알 수 있다. 낙담, 실연, 절망, 권태, 질병, 빚, 고단한 노동과 일상 속에서도 그들은 수많은 감동의 순간을 경험했다. 그 마음의 섬세함은 때로 놀라움을 줄 정도다. 역사에 이름을 남긴 이들도 결국 우리와 다르지 않다. 그들 역시 일상에 쫓기고, 사람과 만나고 헤어지며, 모든 것을 내려놓고 싶을 만큼 괴로운 날을 겪었다. 어떤 이는 불륜을 저지르기도 했고, 사생아를 낳았으며, 돈에 쪼들리고, 술에 취하기도 했다. 그럼에도 그들은 삶을 포기하지 않았다. 감정을 무시하거나 억누르지 않고, 오히려 있는 그대로 삶을 껴안았다. 그래서 가슴을 울리는 순간을 만날 수 있었고, 그로부터 다시 살아갈 힘을 얻었다.

그리고 그들 가운데 그 어떤 누구도 삶을 아끼기만 하며 움켜쥔 자는 없었다. 그들의 마음속에는 허무가 아닌, 열정이 있었다.

여기서 말하는 감동은 아름다움이나 기쁨에만 국한되지 않는다. 가까운 이의 죽음, 어쩔 수 없는 이별, 견딜 수 없는 상실, 죽음을 앞둔 결단과 같은 극한의 순간에서도 우리는 감동할 수 있다. 그 감동이야말로 인간이 삶을 쉽게 포기하지 않고, 끝까지 살아가게 만드는 신비하고 근원적인 힘이다. 행복이든 불행이든, 감동은 모두 같은 무게로 우리를 일깨운다. 감동은 우리의 마음을 성장시키고, 그 감수성이야말로 삶을 확장시키는 에너지의 원천이다.

> 모든 좋은 것은 삶을 촉진한다.
> 혹은 삶의 자극이 되기도 한다.
> 말이든, 행동이든
> 삶을 향해 힘차게 나아가는 것은 좋은 것이다.
>
> 「방랑자와 그 그림자」

행복이란 능력 발휘를 의미한다

19세기 아일랜드 출신의 작가, 오스카 와일드의 유명한 단편소설 중에는 『행복한 왕자』가 있다. 이야기는 한 마을 중심에 세워진 왕자의 동상에서 시작된다.

그 동상에는 젊은 나이에 세상을 떠난 왕자의 영혼이 깃들어 있었고, 그의 몸은 금으로 덮여 있었으며, 눈에는 사파이어가, 칼자루에는 커다란 루비가 박혀 있었다. 날씨가 점점 추워지던 어느 날, 이집트로 떠나려던 제비 한 마리가 잠시 왕자의 동상 발치에 머문다. 그때, 제비 위로 한 방울의 눈물이 툭 떨어진다.

마을에 있는 가난한 사람과 병든 아이들을 보며 왕자가 울고 있었던 것이다. 왕자는 자신의 몸을 장식하고 있는 루비와 사파이어 같은 보석을 떼어 그들에게 전해달라고 제비에게 부탁했고, 제비는 기꺼이 왕자의 부탁을 들어주었다. 그러나 마을에는 여전히 불쌍하고 가난한 사람들이 많았다. 제비는 왕자의 몸에 붙은 금박까지 하나씩 벗겨 그들에게 나눠주고, 그렇게 왕자의 동상은 점점 볼품없어진다. 결국 눈이 내리는 계절이 찾아오고, 남쪽 나라로 떠나지 못한 제비는 마지막으로 왕자에게 가벼운 입맞춤을 한 후, 왕자의 발밑에 떨어져 숨을 거둔다. 그 순간 왕자의 납으로 된 심장이 두 개로 갈라진다.

하늘에서 신은 천사에게 '세상에서 가장 고귀한 것 두 가지를 가져오라.'라고 명한다. 천사는 납으로 된 왕자의 심장과 죽은 제비를 가져온다. 그리고 둘은 천국에서 함께 행복하게 살아간다.

이 이야기에서 말하는 행복이란 무엇을 의미하는 것

일까. 단순히 천국에서의 안식을 뜻하는 것일까? 아니면 자비와 희생이 곧 행복이라는 의미일까? 아니면 가난한 사람들이 보석과 금박을 받아 행복해졌다는 뜻일까?

그러나 이야기를 곱씹어보면, 가장 깊은 행복을 경험한 존재는 오히려 왕자와 제비였다. 그들은 자신이 가진 능력과 마음을 아낌없이 나누었기 때문이다.

자신의 능력을 충분히 발휘하는 것, 이것이야말로 진정한 행복이다.

사람들은 흔히 행복을 물질적 풍요, 좋은 인간관계, 자기만족으로 정의한다. 이 중에서도 부유함은 종종 행복의 첫 번째 조건으로 여겨진다.

왜냐하면 나머지 두 가지 조건은 부에 기대는 경우가 많기 때문이다.

실제로 배우자가 재산을 잃으면 이혼하게 되는 사례가 매우 많다. 반려자가 될 사람을 인간이 아니라 재산으로 대했기 때문이다. 결혼은 애정으로 맺어지는 관계이지만, 본심은 물질을 사랑한 것이다. 그렇게 맺어진 결혼은 처음부터 애정이 아닌, 조건을 기반으로 한 계약에 불과하다.

행복이 물질의 많고 적음에 좌우되지 않는다면, 남는 건 결국 '능력'이다. 자기 능력을 마음껏 발휘할 수 있는 사람은 훨씬 더 깊은 만족을 느낀다. 책상 앞에서 단순한 일만 하는 관리직보다, 현장에서 직접 부딪히며 능력을 발휘해 수사하는 형사들은 그 사실을 온몸으로 체감한다. 능력을 충분히 발휘하고 그에 상응하는 대가를 받는다면 정신적으로도, 물질적으로도 행복할 수밖에 없다. 그것이 스스로 풍요로움을 만들어내기 때문이다.

이것은 경제적인 관점에서도 분명한 우위를 가진다. 금전이나 부동산은 잃을 수도 있고 빼앗길 수도 있지만, 내 능력은 결코 타인의 소유가 될 수 없다. 오히려 시간이 흐를수록 경험을 통해 점점 더 커진다.

또한, 내 능력을 발휘하는 행위 자체가 쾌감을 동반한

다. 반대로 이를 충분히 활용하지 못하면 무력감과 불쾌감에 시달리게 된다. 우리는 이 점을 어릴 때부터 놀이를 통해 체험으로 익혀 잘 알고 있지 않은가.

운동을 하고 나면 개운한 느낌이 드는 이유는, 몸이 실제로 '능력'을 사용했기 때문이다. 학교 운동부에 소속되어 있는 학생들을 보면 이 사실이 잘 드러난다. 수업 시간엔 졸거나 지쳐 보이는 얼굴로 멍하니 앉아 있던 학생들도, 운동 시간이 되면 대번에 활기가 넘친다.

『록키』나 『스타워즈』 같은 대중영화 속 주인공들이 우리를 감동시키는 이유도 같다. 그들은 자신이 가진 능력을 최대한 발휘한다. 중간에 좌절하는 일이 있긴 하지만, 결국 그것을 극복하고 스스로의 힘으로 무언가를 이루어낸다.

그래서 그걸 본 관객은 자신이 직접 체험이라도 한 것처럼 감동을 느끼고 박수갈채를 보내는 것이다. 영화가 잠시나마 우리 삶을 대신 살아주는 느낌이 들기 때문이다. 그 순간만큼은 관객도 성취감과 행복감을 맛본다. 실제로 영화나 드라마는 바로 그 감각을 상품으로 내세워 판매한다.

그렇지만 그건 어디까지나 가상의 이야기일 뿐이다. 현실이 아니다. 아무리 연애 드라마를 열심히 본다고 한들 내가 사랑의 베테랑이 되는 것도 아니고, 쿵푸 영화를 봤다고 해서 나에게 초인적인 힘이 생기는 것도 아니다. 그저 '된 것 같은' 감각만 주는 착각일 뿐이다. 원래 오락은 착각 위에 세워진 세계다. 디즈니랜드의 반짝이는 판타지 속에서 한 발만 벗어나면, 곧바로 차가운 현실의 바람이 불어온다. 그러나 바로 그 현실 속에서야말로, 우리의 진짜 삶이 선명히 존재한다. 그래서 결국, 우리는 이 현실에서 나의 능력을 실제로 발휘해야 한다. 그럴 때 비로소 진짜 기쁨을 느낄 수 있고, 진정한 행복을 내 손으로 붙잡을 수 있다.

📖

당신이 가진 힘은 당신이 생각하는 것보다

훨씬 크기에 당신은 더 멀리 갈 수 있다.

이상을 뛰어넘고, 그보다 더한 동경의 땅보다도

더 멀리 도달할 수 있는 힘은 당신은 가지고 있다.

『생성의 무죄』

제너럴리스트를 목표로 해보자

직장에서의 업무 흐름을 단순하게 요약하면 이렇다. 이미 정해진 순서나 매뉴얼이 있고, 우리는 그걸 외워서 그 순서에 따라 일을 처리한다. 그렇게 하면 일이 끝난다. 새로운 일이 들어오면 기존의 방식대로 할 수가 없기에 다시 매뉴얼을 찾거나 다른 절차를 익히고, 그에 맞춰 또다시 일을 처리한다. 직장인으로서 하는 일의 구조는 대체로 이렇게 반복된다.

많은 기업에서는 업무의 범위가 명확하게 정해져 있고, 그 선을 넘는 것은 타인의 업무를 침해하는 것으로 간

주된다. 꼭 연구직이 아니더라도 대부분의 일은 업무가 전문화되어 있다. 이 구조를 다른 관점에서 보면, 각각의 식기를 용도별로 나누는 것과 같다.

하지만 그 수많은 종류의 식기가 모두 있어야 식사를 할 수 있는 건 아니다. 깊이가 적당한 그릇 하나만 있으면 대부분의 음식을 담아 먹을 수 있다.

다양한 용도로 사용할 수 있는 그 그릇처럼, 여러 가지 일을 두루 감당할 수 있는 사람을 우리는 '제너럴리스트'라고 부른다. 즉, 여러 분야의 지식과 기술을 두루 갖춘 사람이다.

하지만 최근 100년 사이 제너럴리스트는 눈에 띄게 줄었다. 그 대신 각 분야의 전문가, 즉 스페셜리스트는 크게 늘어났다.

기원전에서부터 19세기경에 이르기까지 지식인의 전형은 대부분 제너럴리스트였다. 대표적인 예가 기원전 6세기의 피타고라스다. 그는 수학자이자 철학자이며, 종교적 지도자이자 음악이론가이기도 했다. 그는 수백 명의 신자를 가진 종교 집단을 만들었고, 직각삼각형의 정리를 발견했으며, 도레미파솔라시도라는 주요 음계의 비율을 발견했다.

17세기에는 프랑스의 파스칼과 독일의 라이프니츠가 대표적 인물이다. 파스칼은 톱니바퀴식의 계산기를 만들었고, 확률론의 창시자이면서 동시에 신학자이며 실험물리학자여서 그 이름은 기압 단위인 헥토파스칼로 남아 있다. 라이프니츠는 미적분학을 개발한 수학자이자 정치와 법, 철학, 경제를 아우른 지성인이었다.

18~19세기의 칸트도 물리학, 천문학, 지리학 등 여러 학문의 책을 집필하고 강의했다. 괴테는 독일어 외에 6개 언어를 유창하게 구사했으며 시, 소설, 희곡을 쓰고, 자연 과학 연구도 하는 동시에 장관직도 맡았고, 승마와 검술 실력도 뛰어났다.

그러나 현대의 전문가들은 자신이 속한 분야 외에는 관심을 두지 않으려는 경향이 강하다. 지식의 확장을 위해 학문 간 경계를 넘는 시도는 좀처럼 이루어지지 않는다.

우리도 마찬가지다. 일주일에 40시간 정도만 일하면 끝이라고 여긴다. 직종에 따라 각자의 역할만 성실히 수행하면 충분하다고 생각한다.

오늘날의 사회는 마치 우리를 국가 방침에 따라 작동하는 정밀한 기계 부품처럼 만들어놓은 듯하다.

이런 시대에 제너럴리스트로서의 삶의 방식을 동경하는 것이 이상한 일일까. 한 인간으로서 인생의 모든 영역을 모두 맛보고 싶은 파우스트적 욕망이 그리도 탐욕스러운 걸까. 어쩌면 우리 안에는 아직 제너럴리스트가 될 능력이 잠들어 있는 게 아닐까.

끊임없이 배우고, 지식을 쌓고

그 지식을 교양과 지혜로 승화시키려는 사람은

지루함을 느끼지 않는다.

그는 점점 더 많은 일에 관심을 갖게 되고,

이전보다 깊이 사유하게 된다.

그에게 이 세계는 결코 식지 않는 흥미의 대상이며,

삶은 탐구와 성찰로 가득한 여정이다.

『방랑자와 그 그림자』

독서는 세계를 넓힌다

 늘 화를 내고, 사소한 일에 쉽게 낙담하거나 슬퍼하며, 불만과 불평을 달고 사는 사람들이 있다. 이들이 사용하는 말을 가만히 들여다보면 금세 알 수 있는 공통점이 있다. 항상 같은 단어, 같은 형용사, 같은 표현만 쓴다는 것이다. 그리고 늘 동일한 결론을 반복한다. 마치 머릿속에 들어 있는 말이 그 몇 가지밖에 없는 것처럼 느껴진다.

 그렇다면 나는 어떤가? 늘 비슷한 일에 비슷한 반응을 하고, 비슷한 말과 감정을 되풀이하고 있지는 않은가? 이것은 단순히 성격이나 기질의 문제가 아니다. 우리가 가진 '말의 폭'이 생각과 감정의 폭을 결정짓는 것이다.

사람이 아무리 다양한 감정과 생각을 품고 있어도, 그걸 표현할 때는 결국 '말'이라는 도구를 써야 한다. 하지만 우리는 수많은 어휘 중 적절한 말을 고르기보다는, 그저 사용하기 쉬운 말만 반복해서 쓰곤 한다.

그러면 우리의 생각과 감정도 그 말의 구조 안에 갇힌다. 거친 말을 쓰면 감정과 태도도 거칠어진다. 난폭한 말을 쓰며 다정해지는 일은 절대로 일어나지 않는다.

이처럼 우리가 사용하는 말은 우리의 생각과 태도 심지어 인격까지 좌우한다.

각 문화권에 있는 종교마다 하나같이 '말을 조심하라.'라고 가르치는 것도 수천 년간의 관찰과 경험에서 나온 지혜다.

그래서 독서는 중요하다. 책을 읽고 어휘의 폭을 넓히는 것이 나를 바꾸는 데 큰 도움이 된다. 더 많은 표현을 알게 되면, 나의 미묘한 감정과 마음을 더 정확하게 표현할 수 있게 된다. 삶의 결을 바꾸는 데 있어서, 이것만큼 직접적이고도 근본적인 변화는 없다.

그중에서도 고전은 가장 깊고 강한 효과를 가져다준다. 비록 오래된 옛 문장으로 쓰여 있지만 그 안에는 깊고 풍부한 감정과 사유가 녹아 있다. 비싼 골동품을 소유하는 것보다, 고전을 읽으며 나의 내면을 키우는 것이 훨씬 값지다.

세계의 명시집 또한 큰 울림을 준다. 조용한 공간에서 개성 넘치는 시들을 천천히 음미하다 보면, 일상에 치여 무뎌졌던 감성이 내 안에 다시 채워지는 것을 느낄 수 있다. 지금껏 알고는 있었지만 가슴 깊이 와 닿지 않았던 단어들이 뚜렷한 이미지와 감각을 가지고 내 안에 스며들기 시작한다.

경외, 숭고, 고요, 궁지, 물소리, 경건, 빛줄기, 정적, 우거진 나뭇잎……

이런 말들이 단순한 개념을 넘어, 마치 내가 직접 경험한 감각처럼 다가오게 된다.

이러한 독서는 나의 감성을 보다 더 깊고 섬세하게 만든다.

12색 색연필만 가지고 있던 내가, 이제는 유채화 물감, 동양화 물감, 다채로운 안료까지 갖춘 사람으로 변한 셈이다. 즉, 감정 표현은 더 다채로워지고, 견해와 사고방식 역시 한층 깊어진다. 그것은 곧, 내가 바라보는 세계가 넓어졌다는 뜻이다.

📖

더 많은 말을 안다는 것은
더 많은 생각을 가졌다는 뜻이다.
생각이 많아질수록,
우리는 더 넓은 가능성을 갖게 된다.
그것은 삶을 살아가는 데 있어
가장 강력한 무기가 된다.

『아침놀』

지겨움이 찾아오는 이유는, 내 성장이 멈췄기 때문이다

우리는 대부분 자기 자신을 잘 안다고 믿는다. 하지만 정작 우리가 가장 자주 오해하는 대상은 바로 '나 자신'이다. 내가 무엇을 느끼고 왜 그렇게 생각하는지를 제대로 이해하지 못한 채 그냥 감정에 휘둘려 반응하며 살아간다. 그래서 우리는 무엇보다 먼저 나 자신에 대한 오해부터 풀어야 한다.

지겨움이라는 감정도 그 오해 중 하나다. 우리는 종종 이런 말을 한다.

"이 일상이 지겹다.", "사람이 지겹다.", "도시가 지겹다."
심지어 '삶 자체가 지겹다.'라고 느낄 때도 있다. 지겹다고 말하는 사람은 그 무엇인가가 늘 똑같고 변함이 없어서 그렇다는 이유를 갖다 붙인다. 그러나 그건 거짓말이다.

지겹다는 건 자신이 늘 똑같은 관점만 가지고 살았다는 증거다.

어떤 것, 누군가에 대해 같은 관점만 가지고 있으니 지겨울 수밖에 없다.

자신이 지겹다고 여기는 것을 좌우나 뒷면, 바닥까지 자세히 들여다보지 않았던 것이다.

부모가 아이를 키울 때 자식에게 지겨워지는 경우는 거의 없다. 왜일까? 아이는 매일매일 성장하기 때문이다. 어제는 못 알아듣던 말을 이해하고, 오늘은 갑자기 키가 쑥 자라 있을 때도 있다. 이처럼 아이는 끊임없이 변화하기 때문에, 그 성장의 과정을 지켜보는 부모는 질릴 틈이 없다.

말도 제대로 못 하는 어린아이가 매일 같은 애니메이션을 보거나, 매일 밤 같은 동화를 듣고 지겨워하지 않는 이유도 마찬가지다. 아이는 매번 그 이야기의 다른 부분에 집중한다. 어떤 날은 주인공의 말투에, 또 어떤 날은 배경에, 혹은 감정의 흐름에 주목한다. 아이의 관심은 유동적이며, 그 안에서 새로운 의미를 계속 발견해낸다.

혼자 노는 시간도 마찬가지다. 어른 눈에는 단순한 놀이처럼 보일지 몰라도, 아이에게는 생생한 세계를 탐험하는 순간이다. 그래서 아이들은 복잡한 장난감보다 동그라미, 삼각형, 사각형과 같은 단순한 형태로 구성된 장난감을 더 좋아한다. 복잡한 형태나 기능이 많은 장난감은 상상의 여지를 줄이지만, 단순한 장난감은 아이 스스로 상상할 수 있는 틈을 만들어내기 때문이다. 아이들이 집 안에 있는 별것도 아닌 주방 도구 등을 신기한 장난감처럼 만지며 재미있어하는 이유도 바로 거기에 있다.

반면, 어른들은 좀처럼 자신의 관점을 바꾸지 않는다. 늘 같은 시각으로 같은 면만 바라보니 지겨워질 수밖에 없다. 하지만 지겨운 것은 그 일이 아니라, 그것을 바라보는 나의 태도다. 니체는 이렇게 말한다.

"지겨움은 자기 성장이 멈춰 있다는 신호다."

사람들은 어떤 것을 이미 다 안다고 느끼는 순간, 더 이상 새로운 정보를 받아들이려 하지 않는다. 하지만 그건 착각일 뿐이다. 우리는 그 무엇도 완전히 알고 있지 않다.

책을 읽어도 재미가 없는 이유는 다 아는 내용이라고 생각하기 때문이다. 그러나 사실은 그 책에 나오는 지명의 장소를 지도에서 찾아낼 줄도 모르고, 역사적 연도도 정확히 모르고, 단어 하나의 의미도 제대로 설명할 줄 모른다. 따라서 한 권의 책을 그냥 쓱 훑기만 했을 뿐이지, 이해한 것은 아니다. 그럼에도 우리는 책을 '읽었다.'라고 착각한다.

사람을 대할 때도 마찬가지다. 겉만 보고 쉽게 판단하고, 그 안을 들여다보려 하지 않는다. 그래서 "저 사람은 재미없다.", "따분하다."라는 말이 쉽게 나온다. 하지만 '안다.'라는 것은 단순히 표면적인 정보를 아는 것이 아니다.

히브리어로 '야다.'는 '안다.'라는 뜻이다. 이 단어는 단순한 정보 습득부터 육체적 교감까지 포함하는, 깊은 연결과 이해를 의미한다. 즉, 아는 것은 깊이 관여하고 연결되는 것이다.

아리스토텔레스 역시 "'안다.'라는 것은 내가 아직 아니었던 그것 자체가 되는 일이다."라고 말했다. 우리가 책을 읽고 감동하거나, 드라마를 보며 눈물을 흘리는 것도 그 안의 인물과 상황에 감정적으로 깊이 들어갔기 때문이다.

즉, '안다.'라는 것은 단순히 명칭을 알고 눈으로 보는 것이 아니라 마음을 담아 깊게 경험하는 것이다. 그럼에도 우리는 시험 문제를 잘 맞히는 수준의 앎, 즉 표면적인 정보 습득을 진짜 앎으로 착각하고 산다. 그 결과, 세상 모든 것이 지루해지고 지겨워진다.

지쳤다면 잠시 쉬는 것도 좋다. 하지만 중요한 건 그

지겨움의 벽 앞에서 멈추는 것이 아니라, 그 너머로 한 걸음 더 나아가는 일이다. 지겨움을 느끼는 그 순간이야말로 시야를 넓히고, 관점을 전환할 수 있는 기회다. 그렇게 깊이 들어가다 보면 예전에는 보이지 않던 새로운 빛을 띠는 세상을 발견하게 될 것이다.

손에 넣은 것에 익숙해지면 질린다.
하지만 사실 그건 나 자신에게 질린 것이다.
손에 넣은 것이 내 안에서 변화하지 않고,
그것을 바라보는 나 역시 성장하지 않으니
지겨움이 찾아오는 것이다.
성장하는 사람은 자신이 늘 새로워지기 때문에
늘 똑같은 것을 가지고 있어도 조금도 질리지 않는다.

「즐거운 지식」

인생이라는 여행을 마음껏 맛보자

 니체는 평범한 인생 궤도를 따라 살아간 인물이 아니었다. 젊은 나이에 대학교수로 임용되어 학문의 길을 걷기 시작했지만, 35세 무렵 건강 악화로 인해 교수직을 내려놓았다. 이후 그는 10년 동안 마차와 증기기관차를 타고 이탈리아, 스위스, 프랑스 곳곳으로 여행을 다녔다. 여행지의 숙소에서는 램프 불빛 아래에서 수많은 원고와 편지를 써 내려갔고, 낯선 이들을 만나 그들을 관찰하며 깊은 감동을 느꼈다. 외국의 도시를 홀로 거닐며, 의지할 곳 없는 상황 속에서도 묵묵히 하루하루를 살아갔다. 호텔

홀에 놓인 피아노를 치며 마음을 달래기도 하고, 때때로 사람들에게 괴짜 취급을 받기도 했지만, 그는 활기를 잃지 않았고, 천진한 아이들과 어울리며 즐거움을 느낄 줄 아는 사람이었다.

만약 니체가 평생을 대학교수로만 지냈다면, 인간에 대한 그의 예리한 통찰은 결코 생겨나지 않았을 것이다. 그는 여러 나라를 여행하며 다양한 계층의 사람들을 관찰했고, 그들과 대화하며 인간의 행동을 깊이 있게 들여다보았다. 바로 이러한 경험이 그만의 독특한 인간 철학을 만들어낸 바탕이 되었다.

니체에게 세상은 결코 익숙하거나 따분한 것이 아니었다. 늘 아이처럼 새로운 눈으로 사람과 사물, 풍경을 바라보았고, 세상을 '여행자의 시선'으로 경험했다. 그는 인생을 하나의 여행에 비유하며, 사람들의 삶의 태도를 다섯 가지 유형으로 나누었다.

첫 번째는 아무 목적 없이 그저 막연하게 여행하는 사람.

두 번째는 관광지만 둘러보며 잠시의 즐거움에 만족하는 사람.

세 번째는 한 지역의 고유한 문화를 직접 체험하는 사람.

네 번째는 그 체험을 천천히 곱씹으며 자신의 피와 살로 만드는 사람.

그리고 마지막 다섯 번째는 그 피와 살이 된 체험을 일상 속에서 실천하며 살아가는 사람이다.

그렇다면, 인생을 여행하고 있는 우리는 지금 어디쯤에 머물고 있을까. 그저 목적 없이 막연히 살아가고 있을 뿐이라면, 우리가 보고 듣는 모든 것은 결국 삶 속에 제대로 스며들 수 없다.

니체는 다섯 번째 유형의 사람을 '인생을 구석구석까지 맛보며 살아가는 사람'이라고 표현했다. 다시 말해, 인생의 모든 체험을 온전히 받아들이고, 그 경험을 삶 속에서 살아 숨 쉬게 만드는 사람이다. 하지만 그런 삶을 살아내는 일은 오늘날의 우리에겐 어쩐지 낯설고 멀게만 느껴진다. 우리는 삶에 대해 그만큼 절실하지 못하다. 혼자서 여행하려 하지 않으며, 늘 누군가에게 의지하거나 함께하려 한다. 그래서 우리는 세상을 스스로의 시선으로 바라보지 못한다. 낯선 곳을 여행할 때조차도, 자신의 눈이 아닌 타인의 기준에 의존하곤 한다.

이처럼 타인의 시선과 기준에 기대어 살아가면서도, 우리는 스스로 모든 선택을 자유롭게 하고 있다고 믿는다. 마치 지금의 삶을 전적으로 자기 취향에 따라 고르고 구성한 것처럼 여긴다. 하지만 그렇게 꾸민 삶 역시 어쩌면 누군가에게 괜찮아 보이기 위한 선택일 뿐이다. 그래서 일이든 인간관계든 조금이라도 불편한 감정을 느끼면 바로 등을 돌려, 달콤한 냄새가 나는 쪽으로 다가간다. 마치 기분 좋은 체험만을 누릴 권리를 가지고 있다는 듯이. 그러나 그건 케이크 위에 있는 딸기만 집어먹고, 이게 딸기 케이크의 전부라고 말하는 것과 같다. 그렇게는 인생을, 그리고 일상을 여행한다고 보기 어렵다. 인생이라는 여행은 훨씬 더 다양한 맛들로 채워져 있다. 달콤함도 있지만, 씁쓸함도 있다. 그리고 그 모든 맛이 어우러질 때 비로소 우리는 인생이라는 케이크를 온전히 맛봤다고 말할 수 있다.

체험과 견문을 그저 그때뿐인 기념으로만 간직한다면,
결국 인생은 정해진 일상의 반복으로 흘러가고 만다.
무엇을 하든, 매일 그것을 삶에 녹여내고
자신을 늘 활짝 열어두는 자세야말로
이 인생에서 누릴 수 있는 최고의 여행이다.

『방랑자와 그 그림자』

누구나 풍부한 재능을 가지고 있다

중독성도 없고, 오히려 어렵고 귀찮은 부분이 더 크게 차지하는 일임에도 불구하고, 다른 모든 일을 제쳐두고서라도 하고 싶다는 마음이 든다면, 그리고 막상 시작하면 식사 시간조차 잊을 만큼 깊이 몰입하게 된다면, 그건 바로 그 일에 대한 재능이 있다는 명백한 증거다. 단, 여기서 말하는 몰입은 반드시 즐거움만을 동반하진 않는다. 힘들고 고된 과정임에도 자꾸만 파고들게 되는 끌림. 예술가들이 그토록 많은 작품을 끊임없이 창조해내는 것도 이 때문이다.

미국의 소설가 샐린저처럼, 외부와 단절된 삶을 택한 예술가들도 있다. 그들은 마치 세상을 피해 은둔하는 것처럼 보이지만, 실제로는 작품을 쓰지 않으면 마음이 불편할 만큼 강한 창작의 갈망에 사로잡혀 있다. 이런 사람들은 소위 말하는 워커홀릭과 비슷하지만, 일에 의존하는 것도 아니고 스스로를 잃은 것도 아니다. 그저 그 일이 좋아서, 그걸 해야만 나 자신으로 존재할 수 있다는 감각을 느껴서일 뿐이다.

또 다른 형태의 재능은 전혀 다른 방식으로 드러난다.

처음에는 의지도 흥미도 없었지만, 단지 우연히, 혹은 업무상 필요에 의해 시작한 일이 어느 순간 큰 기쁨과 몰입의 대상으로 바뀌는 경우다. 이런 사람들은 시간이 흐르며 점차 장인 혹은 그 분야의 전문가로 불리게 된다.

세상은 눈에 띄는 성공이나 갑작스러운 부를 이룬 사람들을 전문가라며 치켜세우지만, 세상에 모습을 드러내지 않은 전문가들도 적지 않다. 그들의 기술은 이론으로 정리할 수 없고, 누구든 흉내 낼 수 있는 것도 아니다. 오직 그 사람만의 감각이 있어야 가능한 기술이기 때문이다.

비록 출발점이나 형태는 다르지만, 이 두 유형 모두 자신만의 재능을 실현하고 있는 셈이다. 재능이라는 것은 대체로 이 두 가지 형태로 나뉜다.

그리고 누구든 이 중 하나의 방식으로 자신의 재능을 발휘하게 된다.

그 재능이 어떤 모습으로 나타날지는 오직 자신만이 알 수 있다. 타인이 평가할 수 있는 부분은 극히 제한적이다. 경연대회 같은 곳에서 평가받는 것은 대부분 눈에 보이는 결과일 뿐이고, 그조차도 대개는 흥행에 활용할 수 있는 요소에만 집중되어 있다. 결국 나의 재능은 내가 아는 것이지, 타인이 판단할 수 있는 것이 아니다.

여기서 말하는 재능은 세간에서 흔히 말하는 재능과 본질적으로 다르다.

세상이 말하는 재능은, 마치 타고난 것 혹은 특별한 혈통의 결과인 양 포장된다. 이는 예로부터 이어져 온 혈통

주의의 연장선이며, 일부 사람들이 기득권을 유지하고, 자신들의 지위를 공고히 하기 위한 이기적인 생각에서 나온 것이다.

결국, 그들이 말하는 핏줄이나 재능은 허구에 불과하다. 그걸 마치 사실인 것처럼 말하고 세상 사람들이 믿으면, 그들의 사업은 언제까지고 탄탄대로를 걷게 되니 말이다. 수많은 사람이 이에 속아, 재능과 혈통이나 유전을 동일시한다. 하지만 그런 생각이야말로 자기 재능의 가능성을 가두는 가장 위험한 사고방식이라는 것을 알아야 한다.

타고난 재능이 없다고 해서
실망할 필요는 없다.
재능이 없다고 생각한다면
배우면 된다.

「아침놀」

2장

세간의 가치관에서 벗어나 자유로워져야 한다

세상을 따를지 말지는 내가 결정한다

사람은 누구나 자신이 좋아하고 원하는 것의 가치를 더 높이 평가하는 경향이 있다. 반면에 자신이 싫어하거나 잘 알지 못하는 것, 손이 닿기 어려운 것의 가치는 무시하거나 낮게 본다. 그런데 좋아하는 것, 갖고 싶은 것은 시간이 지나면서 계속 바뀐다. 따라서 그에 따라 개인의 가치관도 바뀔 수밖에 없다. 우리는 흔히 '나의 가치관'이라는 말을 하지만, 그 가치관은 결코 고정된 것이 아니다. 마치 모래 위에 박아 놓은 못처럼 쉽게 흔들린다.

나 자신의 가치관조차 이렇게 쉽게 요동치는데, 세상

사람들의 가치관이란 더 말할 것도 없다. 그것들 역시 느슨하고, 늘 바람에 나부껴 흔들리고 있다.

왜냐하면 세상이란, 곧 무수한 '나'들의 집합이기 때문이다. 그리고 그 세상은 과거의 내가 쌓인 결과이기도 하다.

오늘날 우리가 살아가는 세상은 다양한 집단의 가치와 신념이 얽혀 만들어진 복잡한 구조물이다. 이를 지탱하는 힘은 시대마다 달라지는 정치, 사상, 법률, 거기서 파생된 윤리와 도덕, 그리고 지금의 '상식'이라 불리는 기준들이다. 여기에 무관심과 무분별한 추종이 더해지면, 흐릿하고 추상적인 형태의 '세상'이 완성된다.

이렇게 형성된 세상을 미디어는 확대하여 반복적으로 비추고, 우리는 그것을 어느 순간부터 당연한 현실로 받아들이게 된다.

그러나 이 세상을 아무런 비판 없이 따르다 보면, 자신도 모르게 대중 속에 묻혀버린다.

개인의 생각과 목소리는 점점 희미해지고, 어느 순간 스스로 세상과 동일한 존재가 되어버린다. 반대로 세상에 노골적으로 반발하면, 무시당하거나 배척당할 뿐이다.

그래서 우리에게 필요한 건, '세상 속에서 세상과 다르게 살아가기'다. 겉으로는 세상의 일원인 것처럼 보이지만, 속으로는 관습이나 통념을 무조건 따르지 않는 삶, 특히 자신의 일과 생활에서 그렇게 살아가는 태도가 중요하다.

일본의 야쿠자들은 이 세상을 '사바(娑婆)'라고 부른다. 이는 산스크리트어 '사하(Saha)'에서 유래한 말로, '고통을 참고 살아가는 인내의 세계'를 뜻한다.

그 고통은 주로 인간관계, 이해득실, 사회적 굴레에서 비롯된다.

이런 현실은 오늘날만의 문제가 아니다. 고대에도 마찬가지였다. 예수는 당시 세상의 불합리와 고통을 직시하고, 그것에 분노하여 거침없이 비판했다. 그는 "이 세상은 오래가지 않는다.", "곧 쇠퇴할 것이다."라고 여러 차례 말하며, 기존 가치관의 붕괴를 경고했다. 하지만 그가 말한 '세상이 사라진다.'라는 의미는 문자 그대로의 멸망이 아니다. 그것은 지금 이 세상의 가치관은 언젠가 반드시 새로운 가치관으로 바뀔 것이라는 뜻이다. 그리고 그 변화를 이끄는 건 다름 아닌 지금 이 시대를 살아가는 우리다.

개인의 사고와 태도, 삶의 방식이 모여 다음 시대의 방향을 결정짓는다.

결국 오늘을 살아가는 우리의 삶이, 내일의 세상을 만든다.

📖

세간 속에 살되, 세간을 뛰어넘어 살아라.

무엇보다 먼저, 나의 마음과 정에 휘둘리지 말아야 한다.

그게 가능해지면

세상의 흐름이나 시대의 유행에

쉽게 흔들리지 않게 된다.

그리고 확고한 자아를 바탕으로,

강인하게 삶을 살아갈 수 있게 된다.

『선악을 넘어서』

세상의 가치관에 얽매이지 말라

"신은 죽었다."

이 한 문장은 역사상 가장 큰 파장을 불러온 선언 중 하나였다.

이 말을 자신의 저서인 『차라투스트라는 이렇게 말했다』에 남긴 니체는, 단숨에 그리스도교 지역의 수많은 사람을 적으로 만들었다. 그는 신을 모독하는 자, 천벌을 받을 놈이라는 소리까지 들어야 했다.

하지만 여기서 말하는 '신'은 문자 그대로의 종교적 신이 아니다. 그것은 오랫동안 절대적 기준으로 여겨졌던 기존의 가치 체계를 비유적으로 표현한 것이다.

19세기 서구는 산업혁명과 함께 경제 중심의 가치관이 확산되며, 종교적 윤리만으로는 사람들의 욕망을 제어할 수 없는 시대에 접어들었다. '신의 죽음'은 곧, 전통적인 절대 가치 체계가 무너지고 새로운 시대가 열렸다는 선언이었다.

그렇다면 현대는 어떤가?

오늘날 '신'은 더 이상 사람들의 일상에 살아 있는 존재가 아니다. 오래된 전통처럼 장식장 깊숙이 밀어 넣어진 채, 존재만 유지되고 있을 뿐이다. 그 빈자리를 대신한 것은 법률과 제도, 그리고 경제력과 외모(성적 매력)로 대표되는 새로운 가치 기준이다.

이러한 가치 체계를 만들어낸 주체는, 바로 근대 국가다. 혁명을 통해 탄생한 국가는, 법과 제도를 통해 특정한 가치 기준을 세우고, 그 기준에 맞는 삶을 정상으로 규정하며 국민을 보이지 않는 방식으로 통제한다.

그런 가치 체계에 사로잡히지 말라고 처음 외친 사람이 니체였고, 20세기 중반에 이르러 더 방대한 증거와 이론으로 그 흐름을 이어간 인물이 프랑스 철학자 미셸 푸코였다.

그리고 현대에 들어와서는 나심 니콜라스 탈레브가 『안티프래질』에서 이와 유사한 통찰을 제시했다. 그는 국가나 제도화된 시스템이 만들어낸 고정된 가치 체계에 의존하는 삶은, 그 기준이 무너지거나 바뀌는 순간 삶 전체가 흔들릴 위험이 크다고 지적했다. 따라서 자율성과 회복탄력성을 잃지 않기 위해서는, 외부 기준이 아니라 스스로 설정한 삶의 원칙에 따라 움직여야 한다고 강조했다.

오늘날 우리는 컴퓨터와 인터넷으로 연결된 거대한 네트워크 속에서 살아가고 있다. 그 안에는 기존 가치 체계에서 파생된 또 하나의 새로운 기준이 자리 잡고 있으며, 이는 SNS를 통해 실시간으로 전 세계에 퍼져나간다.

이처럼 빠르게 퍼져나가는 기준들은, 우리가 평생에 걸쳐 스스로의 가치관과 윤리관을 형성해갈 기회를 근본부터 뽑아버린다. 우리는 SNS에서 끝없이 흘러나오는 무책임한 가치 판단에 괴롭힘당하고 있다.

그 가치관에 동조하면 '좋아요'라는 표시로 환영받고, 집단의 일원으로 인정받는다. 그러나 이는 우리의 승인 욕구를 자극하는 동시에, 각자가 지녀야 할 고유한 가치관을 버릴 수밖에 없게 만든다. 그 결과, 자기실현의 길을 스스로 포기하게 되고 주체적으로 살아갈 힘마저 잃게 된다. 이는 개성뿐만 아니라 자기 인생까지 통째로 잃어버리는 것과 마찬가지다.

사람은 대체로 지배적인 상식과 관습에 기대어

자신의 생각을 만든다.

그리고 다른 사람들과

똑같은 생각을 하고 있다는 사실에 안도감을 느낀다.

하지만 그건 동시에 스스로를 구속하는

일이기도 하다.

『인간적인 너무나도 인간적인』

나 자신의 가치 기준을 가져라

 니체는 '가치 판단의 기준은 사람마다 제각각이며, 본질적으로 자기중심적인 것이다.'라고 말했다. 실제로 우리는 자신에게 유리한 것은 좋게 평가하고 손해가 되는 것은 부정하는 경향이 있다. 이러한 경향은 부유한 자나, 가난한 자, 정치인이나, 성직자 모두에게 예외 없이 적용된다. 결국 우리는 늘 자신의 컨디션, 기분, 취향, 이해득실을 기준으로 사물의 가치를 판단하고 있는 셈이다.

 그러나 다른 사람들과 함께 있을 때는 상황이 달라진다. 개인의 기준은 다소 완화되고, 그 시대의 상식이나 유행, 사회적 분위기 등을 가치 판단의 중심으로 삼게 된다. 사회적 집단 속에서는 무난한 의견, 다수에 대한 동조, 서로에게 찬성하는 태도가 좋게 받아들여지기 때문이다. 그러나 그것은 진정한 조화가 아니다. 단지 타인의 의견이나 행동에 맹목적으로 동조하는 안일한 부화뇌동일 뿐이다. 그리고 바로 그 수많은 부화뇌동이 지금의 세상을 만들어가고 있다.

이런 현실 속에서 사람들은 서로 통하는 가치관을 공유하고 있다고 착각하지만, 실상은 기존의 가치 체계에 무비판적으로 의존하고 있을 뿐이다.

스스로 생각해본 적 없는 가치관을 따르기만 하는 태도는, 결국 그 가치관의 내용이나 의미를 인정하지 않는 것과 같다. 그것은 마음이 담기지 않은 박수나 형식뿐인 정중한 인사와 같다.

그렇게 자신만의 가치관을 잃은 우리는 니체가 말한 현대의 허무주의자라 할 수 있다.

허무주의자는 내면의 기준을 상실한 채, 세상의 모든

것을 오직 금전적 가치로만 판단하려 한다. 예를 들어, 회화의 아름다움을 화풍이나 표현력으로 평가하는 대신, 희소성과 시장 가격으로 판단하는 식이다.

이러한 허무주의자들은 경제의 일부를 부풀게도 한다. 그렇지만 그와 동시에, 문화적인 산물에 가격을 매기고, 그 액수를 문화의 우월성과 동일하다고 보는 잣대를 퍼트린다. 더 심각한 문제는 이런 가치 판단이 인간관계에도 적용된다는 것이다. 얼마나 많은 돈을 벌었느냐에 따라 사람의 능력과 가치를 판단하는 일은, 오늘날 사회에서 너무나도 흔하게 벌어진다.

이런 사고방식은 사회 전체에 냉정함과 경쟁만을 남긴다. 우리가 느끼는 이 살벌한 현실은, 바로 그러한 허무주의에서 비롯된 것이다. 허무주의자는 삶의 땅을 사막으로 만들고, 그 속에서 간신히 반짝이는 오아시스조차 결국은 가까이 다가갈 수 없는 신기루에 불과하다.

📖

우리는 좀 더 강인해져야 한다.

세간의 거센 파도 속에서도 사교적으로 살아가되,

결코 표류하지 않도록.

그리고 고독을 두려워하지 말고,

오히려 그 고독 속에서 자신을 온전히 발견하는

즐거움을 느껴라.

『선악을 넘어서』

자신을 세간의 시선으로 보지 말라

누구나 살아가다 보면, 자기 자신이 싫어지고 부정하고 싶어지는 순간이 있다. 과거와 똑같은 실수를 반복한 자신을 큰 소리로 꾸짖고 싶은 마음이 들 때가 있다.

이때 우리의 시선은 이미 세간의 기준 위에 서 있다. 수없이 많은 사회적 잣대와 자신을 비교하며 낮은 점수를 매기고, 결국 자기 자신을 매도하게 되는 것이다.

그러나 자신을 성장시키고자 한다면, 세상의 시선으로 자신을 판단해서는 안 된다.

물론, 그렇다고 해서 자신에게 무조건 너그러워지라는 뜻은 아니다.

세상의 시선은 마치 호시탐탐 틀을 만들어 평가하려는 교사처럼 작동한다. 그 시선은 행복의 정도뿐 아니라, 말 한마디, 심지어 슬픔이나 괴로움까지 점수를 매기려 든다. 그리고 무섭게도, 결코 사라지지 않는 불사의 존재처럼 따라붙는다.

많은 사람의 고뇌는 바로 이 시선 속에서 자라난다. 인간이라면 누구나 겪는 평범한 일을 이 심술궂은 시선은 '불행', '실패', '무능' 같은 낙인으로 덧씌운다. 그 결과, 단지 스쳐 지나갈 괴로움이 심각한 고통이 되고, 잠시의 어려움이 끝없는 나락으로 떨어지는 절망으로 변한다.

그래서 우리는 자신을 바라볼 때, 세상의 시선이 아닌 그것을 넘어서는 '초월의 시선'을 가져야 한다.

초월의 시선이란, 마치 이 세상에 처음 발을 디딘 인간을 보듯 나를 바라보는 것이다. 내가 지구상에 처음 존재하는 인간이라면, 내 말과 행동 하나하나를 관심과 애정으로 바라볼 수 있을 것이다.

예를 들어, 우리가 햇살이 내리쬐는 뜨거운 땅 위를 힘껏 기어가는 한 마리의 작은 벌레를 볼 때, 그 벌레를 어리석다고 비웃거나, 존재의 의미를 따져가며 비난하는가?

그렇지 않다. 그저 묵묵히 기어가는 그 모습에서 생명의 신비와 노력을 느끼고, 오히려 경이로움과 애정을 가지게 된다.

마찬가지다. 우리는 그 벌레를 바라보는 시선처럼, 자신의 말과 행동, 태도 역시 있는 그대로 바라볼 수 있어야 한다. 이러한 시선으로 자신을 바라본다면, 후회나 부끄러움이 마음에 오래 남지 않는다. 자신을 끊임없이 책망하는 마음도 사라질 것이다. 그리고 그 초월의 시선에 익숙해진다면, 이제는 그 시선으로 가족을, 그리고 앞으로 사랑하게 될 누군가를 바라볼 수 있을 것이다.

📖

나를 하찮은 존재로 여기지 말라.

존경은 타인이 아니라,

먼저 나 자신에게서 시작되어야 한다.

아직 아무것도 이루지 못한 나일지라도,

아직 행동으로 옮기지 않은 나일지라도,

존재 그 자체로 존경하라.

왜냐하면 그 잠재력과 가능성은,

아직 열리지 않은 씨앗처럼 무한하기 때문이다.

『권력에의 의지』

그 누구도 내 자유를
침해하게 하지 말라

고대부터 신화나 종교 이야기가 사람들에게 꾸준히 읽혀온 이유는 그 안에 인간과 사회에 대한 중요한 비유적 통찰이 담겨 있기 때문이다. 겉보기엔 기이한 이야기처럼 보일 수 있지만, 이를 현대적 관점에서 해석해보면 지금 우리의 현실을 날카롭게 비추고 있다는 것을 알게 된다. 그리스 신화에 나오는 프로크루스테스라는 강도 이야기를 살펴보자.

아테네 근처 엘레시우스라는 마을의 외딴 언덕에는 프로크루스테스가 숨어 사는 집이 있었다. 그는 늘 지나가는 여행자들에게 친절하게 말을 건넸다.

"긴 여행으로 많이 피곤해 보이는데 잠시 쉬었다 가시지요."

프로크루스테스는 그렇게 여행자를 자신의 집으로 유인한 뒤 침대에 눕혔다. 그리고 키가 큰 여행자의 다리가 침대 밖으로 나오면 그 다리를 잘라버렸다. 여행자의 키가 침대 길이에 못 미치면 몸을 쭉 늘리는 고문을 가했다.

침대 자체는 늘리거나 줄일 수 있도록 조작 가능한 것이었지만, 그는 침대를 사람에게 맞추는 대신 사람을 침대에 억지로 끼워 맞췄다. 결국 여행자는 목숨을 잃었고, 그의 짐과 재물은 프로크루스테스의 차지가 되었다.

이 이야기에서 우리는 몇 개의 중요한 비유를 찾아낼 수 있다. 그중 하나가 프로크루스테스를 국가의 제도나 규범이라고 보는 것이다. 국가는 모든 국민을 하나의 정해진 틀에 맞추려 한다. 행정은 수많은 세세한 조건을 전제로 하는 제도나 규범을 설정하지만, 그 틀은 실제 삶을 살아가는 개개인의 다양성과 잘 맞지 않는다. 결국 이 제도들은 많은 사람의 자연스러운 삶의 형태와 가능성을 억누르며, 자유를 제한하는 수단이 되곤 한다.

이 억압은 국가만의 문제가 아니다. 작게는 가족이나 친척, 직장 동료, 연인 관계 속에서도 누군가는 나에게 프로크루스테스가 되어, 조언이나 걱정이라는 이름 아래 나의 선택을 통제하고, 부당한 이득을 취하려 한다. 더 나아가 가장 무서운 프로크루스테스는 나 자신일 수도 있다.

'제대로 된 사람이라면 이래야 한다.', '남자니까, 여자니까.', '나는 장남이니까.' 같은 생각으로 스스로를 고정된 틀에 가두고 자유를 제한한다. 그러나 그건 결국 내가 나 자신에게 가능성을 빼앗는 행위다.

니체는 "인간은 권력에의 의지를 지닌 존재"라고 말했다. 여기서 말하는 '권력'은 타인을 지배하려는 힘이 아니다. 자신의 삶을 자기 의지대로 살아가고자 하는 깊은 내면의 욕구, 즉, 스스로의 존재를 창조하고자 하는 힘이다.

그렇기에 우리는 무슨 일이 있어도, 내 자유를 타인의 손에 내어주어서는 안 된다.

📖

어떤 일이나 사건에 대해
반드시 정해진 감정이나 생각을
가져야 할 이유는 없다.
진정으로 자유로운 삶을 원한다면,
세상에 넘쳐나는 획일적인 생각과 태도로부터
과감히 벗어나야 한다.

『인간적인 너무나도 인간적인』

우선 나 자신을 알아라

언제 어디서든, 어떤 일이 닥치든, 겁먹지 않고 내가 진심으로 원하는 일을 하며 세상의 시선이나 타인의 평가에 휘둘리지 않고 솔직하게 나 자신으로 살아갈 수 있다면 얼마나 좋을까. 대부분의 사람들은 이렇게 말한다.

"그게 말처럼 쉬우면, 이런 고생을 왜 하겠어."

하지만 사실 우리는 알고 있다. 지금 내 앞을 가로막고 있는 건, 세상이 아니라 바로 '내 안의 두려움'이라는 것을. 그렇다면, 이렇게 살아보자. 세상이 나를 보지 않는 것처럼, 남이 나를 평가하지 않는 것처럼.

무언가를 성취한 사람들은 대개 그런 자세로 살아왔다.

그러나 많은 이들은 그렇게 하지 않는다. 왜일까? 자기 마음대로 행동하면 반사회적인 짓을 할지도 모른다는 우려 때문이 아니다. 내가 무엇을 하고 싶은지 모르기 때문이다.

스스로 무엇을 원하는지 모르는 사람은 거울 속에 비친 자기 모습을 보아도 자신이 어떤 인간인지는 전혀 모른다.

니체는 자기 자신을 아는 방법에 대해 다음과 같이 말했다.

"지금까지 내가 진정으로 사랑했던 것은 무엇이었는가. 무엇이 내 영혼을 드높였는가. 나의 마음을 가득 채우고, 나를 기쁘게 했던 것은 무엇이었는가. 무엇이 나를 진정으로 열중하게 만들었는가. 이 질문들에 성실히 답해보라. 그러면 진짜 나 자신이 드러날 것이다."

우리는 날마다 교묘한 가면을 쓰고 살아간다.

이웃을 만나면 밝게 웃으며 인사하고, 회사에서는 감정을 억누르고 일하며, 친구 앞에서는 반쯤 거짓말 섞인 근황을 전하고, 가족에게는 걱정을 끼치지 않으려 애쓴다. 기쁨도, 분노도, 슬픔도 스스로 눌러가며 살아간다.

그러다 보니, 하루라는 시간 속에 진짜 '나'는 존재할 틈이 없다. 남들의 눈을 의식해 고른 옷, 사회에 맞춰 쓴 가면들만 가득할 뿐이다. 가장 나다웠던 순간이 언제였는가 되돌아보면, 학창 시절 즈음까지의 기억밖에 없다. 홀로 남아 나를 되찾아야 할 시간에는 이미 잔뜩 지쳐서 아무것도 할 수 없다.

하지만 중요한 건, 나답게 살아가는 일이 금지된 적은 단 한 번도 없었다는 사실이다.

진짜 나로 살아가자. 그렇지 않으면 내 안의 나는 점점 작아지고, 삶은 메마르고 비참해질 뿐이다.

물론, 남을 위해, 사회를 위해, 가족을 위해 배려하는 삶은 아름답다.

하지만 그보다 앞서 나를 먼저 위로하고 소중히 여겨야 한다. 그건 이기적인 짓이 아니다. 오히려 나를 지키는, 가장 인간적인 일이다. 먼저 나를 충분히 살리자.

그게 첫걸음이다. 그리고 남은 힘으로 다른 이들을 살리면 된다.

무엇보다 먼저, 나 자신을 사랑하라.
나를 조금도 깎아내리지 말고, 온전히 사랑하라.
무슨 일이 있더라도 나를 소중히 하라.
「차라투스트라는 이렇게 말했다」

내가 무엇을 하고 싶은지
확실히 하자

우리는 어릴 때부터 '해야 할 일'을 배운다. 부모는 자녀에게 이런저런 일을 해야 한다고 가르치고, 학교에 들어가면 교사가 교내 규칙이나 구태의연한 도덕 같은 것을 가르친다.

사회에 나가면 기업이 비즈니스 예절과 조직 문화를 가르치고, 세간은 전통과 관습을 통해 눈에 보이지 않는 규칙을 주입시킨다. 한마디로, 넓은 의미에서의 '윤리'가 우리의 생각이나 행동을 보이지 않는 끈처럼 묶으려 하고 있다는 뜻이다.

정치는 제도나 벌칙을 동반한 법률로 국민의 행동이나 생활을 규제한다. 그게 구체적인 통치의 형태라고는 하지만, 바꿔 말하자면 그건 지배이기도 하다. 그 법은 문화 속에 녹아들어, 이윽고 윤리라는 이름의 관습으로 변질된다. 이 구조는 고대에도 있었고, 현대에도 여전하다. 물론 법과 제도를 부정하자는 말은 아니다. 그러나 다수의 부화뇌동으로 굳어진 윤리와 관습이 때때로 개인에게 고통과 불합리를 강요한다는 사실은 분명하다.

그래서 우리는 선택해야 한다. 사회 속에서는 사회인답게, 인습을 어느 정도 따르되 개인일 때는 나답게 살아가는 것. 아마 이것이 가장 현실적인 생존 방식일 것이다.

다만 이렇게 하려면 내가 무엇을 하고 싶은지, 어떻게 살고 싶은지를 분명히 알고 실천해야만 한다.

내가 나를 제어하고 지배할 수 없으면 세상을 주체적으로 살아가기 어렵기 때문이다.

만약 우리가 해야 할 일을 남에게 맡기거나, 세상 흐름을 막연하게 받아들이며 산다면, 금세 세간에 파묻히고 만다. 그러다 보면 저항할 힘조차 없이 전쟁터에 끌려가는 병사처럼 누군가의 규칙에 휘둘리는 삶을 살게 된다.

그래서 우리는 사회가 만든 윤리를 출입구 앞에서의 인사 정도로만 받아들이는 지혜를 가져야 한다. 그리고 그 안에서는 나 자신만의 윤리를 세워야 한다.

그 윤리는 결코 거창하거나 어려울 필요가 없다. 내 삶을 통해 얻은 확신, 내 방식대로 살아온 경험의 결과. 그것만으로 충분하다. 거기에는 나라는 존재의 고유한 뿌리가 담겨 있으니 말이다. 그렇게 만들어진 윤리는 국적도, 언어도, 제도도 뛰어넘는다. 온화하고 보편적이며, 오직 한 사람으로서의 삶을 지켜주는 가장 진실한 나침반이 된다. 그것이 바로, 영원히 변하지 않을 나만의 윤리, 그리고 '나는 누구이며, 어떻게 살 것인가'에 대한 진정한 답이다.

📖

내가 왜 그 길을 가고 싶은지

깊이 생각해라.

그게 확실해지면 나머지는 쉽다.

그냥 걷기만 하면 된다.

『우상의 황혼』

내 나름의 논리가 나다움을 만든다

고대 사회에서 왕은 정치와 종교, 군사권을 모두 쥔 절대적인 존재였다. 왕이 규칙을 만들면 그것이 곧 법이 되고, 백성들은 그 법을 따라야만 했다. 그리고 시간이 지나며 그 법은 국민의 윤리가 되었다. 왕에게 권위나 인망이 부족해지면, 왕은 그 법을 신이 내린 것이라고 했고 그러면 백성들은 쉽게 순종했다.

작은 무리에서도 이런 형태는 똑같다. 불량 청소년들이나 갱단 안에서도 우두머리가 나름의 규칙을 만들면, 다른 구성원들은 그걸 자기들만의 철칙이나 규범으로 삼는다.

국가는 헌법과 법률을 통해 국민의 삶을 규제하고, 여기에 종교와 문화가 얽혀 민간의 윤리, 상식, 가치관이 형성된다. 기업 역시 사규와 기업윤리를 통해 직원들에게 일정한 사고방식을 주입하고, 회사에 잘 맞는 사람을 길러낸다. 가정에서도 전통이나 권위 있는 선조의 말이 '가풍'이라는 이름으로 불문율이 되며, 가족 구성원들은 거기에 순응해야만 한다.

겉보기에는 윤리나 규범이 공동체의 질서를 위해 필요한 것으로 보이지만, 그 이면에는 다분히 지배의 의도가 깔려 있다. 이러한 윤리는 구성원의 삶을 풍요롭게 만들기 위한 것이 아니다. 명확한 근거 없이 강요되는 규칙은 삶을 풍요롭게 하기보다 개인의 자유와 가능성을 제한한다.

그럼에도 윤리를 따르면 공동체 속에서는 무시당하

지 않고, 갈등도 피할 수 있다. 로마에 가면 로마법을 따르라는 말처럼 공동체의 규범을 따르면 고민할 필요가 없다. 무엇을 어떻게 해야 할지가 이미 다 정해져 있기 때문이다. 하지만 그 틀에서 조금만 벗어나면 '이상한 사람' 취급을 받고, 아예 크게 벗어나면 '상식 밖'이라는 딱지가 붙는다.

그런데 우리가 어린아이였을 때, 사회의 윤리나 규범에 철저히 따르는 어른들을 보며 참 훌륭하다고 감동했던 적이 있었을까. 아마 대부분은 그들이 어딘가 답답해 보인다고 느꼈을 것이다. 아이의 눈에는 무한한 가능성과 기개가 열려 있었기 때문이다. 마음속에 '세상 정도는 정복할 수 있다.'라는 자신감과 열정을 품고 있었기에, 정해진 틀 안에 어른들이 스스로를 가두는 모습이 더 답답하게 보였을 것이다.

물론, 대다수의 사람들과 똑같은 방식으로 세상을 이해하고 규범에 따라 살아가는 것이 풍파를 일으키지 않고 생활하는 데는 큰 도움이 된다. 하지만 그 길에는 개성도, 나다운 삶도 없다. 자유롭게 자신의 능력을 최대한으로 발휘할 기회도 없다.

니체는 말했다. "자유로워지려는 사람은 비윤리적일 수밖에 없다." 여기서 '비윤리적'이라는 말은 인간의 도리에서 벗어난다는 뜻이 아니다. 남들이 정한 틀에 순응하지 않고, 자신의 길을 스스로 창조하며 걸어가는 것을 의미한다.

처음엔 막막하고 두려울 수 있다. 하지만 내가 스스로 나의 길을 만들고 나아갈 때 비로소 진정한 자기실현이 시작된다. 그 길은 내가 발을 내딛는 순간, 비로소 생겨난다.

내가 믿는 가치와 신념을 주저하지 말고

분명히 말하라.

누구든 들을 수 있도록, 또렷하게 외쳐라.

『생성의 무죄』

나의 인생을 통째로 받아들이자

니체는 《차라투스트라는 이렇게 말했다》에서 '차라투스트라'라는 상징적인 인물을 창조했다. 이 인물은 니체의 철학을 대변하는 존재로, 인간과 삶, 운명에 대해 깊이 있는 통찰을 전한다. 그 책 속에서 차라투스트라는 이렇게 말한다.

"나는 어떤 우연이라도 주워다가 큰 냄비에 넣고 푹 끓인다. 보글보글 끓어 부드러운 조림이 완성되면, 그것을 나를 위한 양식으로 삼고 입안 가득 넣는다."

이 문장을 처음 읽으면 정신 나간 사람이 하는 헛소리

처럼 느껴질 수 있다. 하지만 니체의 철학은 늘 그렇듯, 이런 표현 속에 깊은 의미가 숨겨져 있다. 차라투스트라가 말하고자 한 건 단순하다.

"인생에 일어나는 모든 우연을 기꺼이 받아들이고, 그것을 내 운명으로 삼겠다."라는 태도다. 그게 좋은 일이든 나쁜 일이든, 모두 나의 인생에 필요한 한 조각으로 받아들이겠다는 것이다.

하지만 우리 대부분은 그렇게 살지 못한다.

행운이나 기분 좋은 일은 반기면서도, 예상치 못한 불운이나 고통스러운 사건은 최대한 피하고 싶어 한다. 예기치 않게 마주친 불편한 인간관계, 사고, 질병, 실패, 상실 같은 것 말이다.

현대 사회는, 목표로 향하는 데 있어 불필요한 것들은 제거하고 효율적으로 나아가야 한다는 생각이 만연해 있다. 하지만 이런 생각은 매우 현실적이지 못하다.

왜냐하면, 인생은 본래 예측할 수 없는 일로 가득 차

있기 때문이다.

우리는 대부분의 일에 있어 최선에 가까운 선택을 하며 살고 있다고 여긴다. 심지어 자신이 평균 이상의 운을 가진 사람이라 착각하기도 한다. 그러나 실제로는 단편적인 지식이나 경험 혹은 감에 의존해서 결정을 내릴 뿐이다. 머뭇거리며 조심스럽게, 약간의 불안감을 숨기면서.

그러다가 원치 않은 결과가 나오면 실패나 불운 같은 이름을 제멋대로 붙이고 남 탓을 하거나 정치, 시대, 환경 탓으로 돌린다. 반면에 좋은 결과가 나오면 성공이나 행운이라는 이름을 붙이고, 이런 결과를 얻은 스스로를 칭찬하며 자만한다.

하지만 인생을 살다 보면 별별 일이 다 일어난다. 어떤 위험은 예상할 수도, 회피할 수도 없다.

그것들에 대해 일일이 불행, 사고, 인과응보 같은 이름표를 붙이지 않는다면 사건은 그냥 사건일 뿐이다.

우연과 필연을 가르는 기준은 결국 우리의 해석에 달

려 있다. 어떤 일이 불운처럼 느껴질 때도, 그것을 인생의 일부로 받아들이면 결국 내 삶을 더 깊고 단단하게 만들어주는 한 조각이 된다.

예기치 못한 일들을 모두 삶의 재료로 삼고, 모든 것을 냄비에 푹 넣고 맛있게 끓여 먹는 사람, 기쁨과 슬픔, 실패와 고통마저도 모두 끌어안고 자신만의 인생으로 완성해가는 사람. 그런 사람에게는, 마지막 죽음조차 인생의 마지막 진미가 된다.

📖

살아 있는 동안에는 피할 수 없는 일들이

끊임없이 찾아온다.

만남, 돌봄, 번거로움, 고생, 갈등, 이별···

이러한 일들을 하나하나 받아들이고,

끝까지 정성껏 마주하는 편이 좋다.

그렇게 할 때,

모든 것은 결국 온전히 나의 것이 된다.

『생성의 무죄』

인생은 언제나 예측 불가능하다

　부모는 자신의 인생에서 겪은 고생이나 간신히 극복한 곤란을 자신의 사랑하는 자식에게 물려주고 싶어 하지 않는다.

　그래서 자녀의 환경이나 교우관계 등을 최대한 좋게 마련하려 힘쓰고, 평판 좋은 학교를 골라 보내고, 유명 기업에 들어가게 한다. 또, 좋은 집안 자녀를 반려자로 삼아 평생 안심할 수 있는 풍요로운 생활을 보내길 바라기에, 그에 상응하는 노력을 아끼지 않는다.

　그런 부모 밑에서 자란 자녀는 어떨까. 겉으로는 부모

의 뜻에 따르며 착실하게 살아가는 것처럼 보여도, 내면에선 항상 위화감을 느낀다. 부모에게 들키고 싶지 않은 은밀한 장소와 시간을 갖고 있고 혹은 빈축을 살 만한 성벽을 갖고 있기도 하다. 때로는 자살을 고민하거나, 게임이나 도박에 빠지기도 한다.

인생을 한 톨의 스트레스 없이 완벽하게 만드는 건 불가능하다. 먼지 하나도 떨어져 있지 않은 모델 하우스 같은 집에서는 사람이 살 수 없다. 마찬가지로 갈등이나 경제 문제가 전혀 없는 청렴결백한 삶도 존재하지 않는다. 모두가 평화롭고 풍요로우며, 안전하게 살 수 있는 완벽한 세상 역시 현실에는 없다.

그럼에도 정치인들은 자신을 뽑아주면 그런 사회로 만들겠다는 허황된 연설을 해댄다. 그걸 믿고 투표하는 이들은 앞서 말한 부모와 같은 사람들이다.

많은 사람들은 자신이 과거에 했던 선택을 돌아보며 반성하고, "그때 그렇게 하지 말걸." 하고 후회를 한다. 그리고는 그 일이 없었다면 지금은 더 나은 삶을 살고 있을 것으로 생각한다. 하지만 그런 지난 시간이 있었기에 지금의 내가 존재하는 거라는 생각은 하지 못한다.

인생은 계획대로만 흘러가지 않는다. 같은 코드로 시작한 음악이 전혀 다른 멜로디를 만들어내듯, 같은 조건에서도 인생은 전혀 다른 방향으로 흐를 수 있다. 양치를 하다 보면 때로는 치약이 턱에 묻기도 하고, 바닥에 툭 떨어져 빨간 러그를 허옇게 만들기도 한다. '머피의 법칙'은 인생의 이런 예측 불가능함을 비웃지만, 사실 그것이야말로 현실이다.

인생에서 벌어지는 뜻밖의 일들은 불합리하거나 부조리한 것이 아니다. 그저 있는 그대로의 현실이다.

우리가 불합리나 부조리라고 부르는 것은 결국 인간이 만든 개념이다. 우리는 논리적인 언어로 사고하기 때문에, 그 틀에서 벗어난 것을 부조리하다고 판단하는 것이다.

하지만 현실은 논리적으로만 돌아가지 않는다. 예컨대, 교양있는 사람들이 얼굴을 찌푸릴 법한 거친 언어를 쓰는 사람들, 그날그날 생계를 위해 일용직 노동을 하며 책 한 권 읽지 않고 당장의 욕망을 우선시하는 사람들. 그들의 삶은 무질서하고 충동적이지만, 그 속에는 이상할 정도로 강한 생명력이 깃들어 있다.

그들은 인생이 무작위적이라는 사실에 이미 익숙해져 있기에 오히려 그것과 어울리며 살아간다. 그렇기 때문에 머릿속에서 복잡한 계산을 하지 않고, 자연스럽게 규칙에서 벗어난 삶을 살아간다. 그들의 언어와 행동은 우리가 가진 문법과 질서를 벗어나 있지만, 그래서 더 생동감 있다. 결국 우리의 인생도 그들과 다르지 않다. 우리가 아무리 계획을 세우고 논리를 따르려 해도, 인생은 여전히 예측할 수 없는 우연으로 가득 차 있다. 중요한 건 그것을 외면하지 않고 받아들이는 것이다.

📖

당신이 활기차게 살면

인생은 화사하게 빛나는 의미로 가득 차게 된다.

반대로 어둡게 살면

한여름의 대낮에도 세상은 암운에 뒤덮일 것이다.

『권력에의 의지』

우리를 해방시켜 주는 사람이 진정한 스승이다

어떤 인간관계든, 툭하면 상대를 억누르려 드는 사람과는 거리를 두는 게 좋다. 그런 사람은 마음속에 위계질서가 깊게 뿌리박혀 있으며, 인간관계에서도 끊임없이 우열을 따진다.

단 하나의 생각만을 절대적인 가치로 믿는 사람은 타인과의 건강한 소통이 어렵다. 안타깝게도 이런 유형은 세상에 흔하다.

반면, 드물지만 특별한 부류가 있다. 바로 '상대를 해방시키는 사람'이다. 니체는 『쇼펜하우어』에서 이렇게 말했다.

"진정한 스승은 당신의 해방자다."

니체는 젊은 시절, 스위스의 바젤대학교에서 강의를 했는데 당시 대학의 규모는 작았고 학생 수도 총 130명 정도에 불과했다. 그가 교실에서 학생에게 질문을 던져 대답을 요구하면, 공부를 제대로 안 한 학생은 대답을 잘 하지 못했다. 그러면 니체는 귀를 기울여 학생의 작은 목소리를 열심히 듣는 척하다가 이렇게 말하고는 했다.

"그래, 자네 생각은 그렇군. 그런 생각도 있긴 하지만……."

그러곤 부드럽게 정답을 이야기했다. 학생이 부끄러움을 느끼지 않도록 배려한 것이다.

진정한 스승은 이렇게 우리의 마음을 자유롭게 하고, 생기를 불어넣으며, 잠재된 능력을 이끌어낸다.

반대로 가짜 스승은 윗자리에 서서 가르치려고만 한

다. 정답은 단 하나뿐이라며 단정하고, 존경과 복종을 요구하며, 모든 가치는 이미 정해져 있다는 듯 말한다. 마치 자신이 위대한 존재라도 되는 것처럼 행동한다.

진정한 스승은 세상이 다면적이라는 사실을 보여주며, 다양한 시각과 사고의 폭을 넓혀준다. 마음을 여는 법을 알려주고, 자유로운 발상을 반기며, 우리의 목소리에 진심으로 귀 기울인다. 그 과정에서 우리는 스스로도 몰랐던 능력과 감수성을 발견하게 된다. 그것이 바로 해방이다.

따라서 진정한 스승은 학교에만 있는 것이 아니다. 어딘가에서 자신만의 방식으로 자유롭게 능력을 펼치며 살아가고 있을 수 있다. 또한, 그의 삶은 말뿐이 아니기에 더욱 빛나며, 그 자체로도 매력적이다.

어쩌면 그 스승은 오래된 책 속에 있을지도 모른다. 혹은 언제나 우리에게 따뜻한 눈빛을 보내주는 반려견일 수도 있고, 한 장의 그림이나 흘러가는 구름일 수도 있다.

어쨌든 우리의 생각과 감수성을 해방시켜 주고 마음

을 자유롭게 해준다면 무엇이든 진정한 스승이 될 수 있다. 그리고 그 가르침이야말로 우리를 새롭게 태어나게 해준다.

📖

> 당신이 힘차고 자유롭게, 활발하게
> 능력을 마음껏 발휘할 수 있게 해주는
> 사람이야말로 당신의 진정한 교육자이며
> 그곳이 당신이 학교다.
>
> 『쇼펜하우어』

감성을 억누르면 능력이 저하된다

　우리는 무언가를 잘 처리하거나 눈앞의 문제를 해결하는 능력만을 인생의 중요한 과제로 여겨왔다. 학교 교육은 이런 훈련을 끊임없이 반복했고, 성적으로 그 결과를 평가했다. 그래서 이런 능력이 뛰어나면 곧 우수한 사람이라는 착각에 빠지기 쉽다.

　물론 현대사회에 적응하기 위해서는 이런 기술을 잘 구사하는 사람이 유리하다. 그렇게 하면 공무원이나 회사원으로 안정적인 자리를 얻고, 출세하거나 성실한 어른으로 평가받게 된다.

하지만 정작 본인은 어딘가 모르게 불완전함을 느끼곤 한다. 사회 질서에 맞춰 이성과 지성만을 작동시키는 동안, 다른 한 축에 있던 선천적인 무언가가 계속 억눌려 왔기 때문이다. 그러나 억눌린 감성은 사라지지 않는다. 답답함, 공허함, 무기력 같은 감각으로 그 존재를 드러낸다.

여기서 말하는 감성이란, 본능적이고 충동적인 에너지. 즉 애정, 기쁨, 슬픔을 마음껏 표현하고, 웃고, 춤추고, 놀이에 몰입하는 감각이다. 때로는 이성이 보기엔 통제되지 않은 광기처럼 보이기도 한다. 하지만 이것이야말로 인간다운 감성의 진짜 모습이다. 문제는 우리가 이 감성을 마음껏 표현할 수 있는 공간에 있어도, 이미 익숙해진 자기 검열로 인해 스스로 제한한다는 것이다. 질서에 길들여진 이성이 감정의 발산을 억제하기 때문이다.

이런 상태는 인간으로서 매우 불균형한 모습이다. 마치 오른쪽 몸만으로 살아가는 것과 같다.

헤엄을 치기 위해서는 온몸을 사용해야 하듯, 감성도

충분히 작용해야 우리는 온전한 존재가 된다.

특히 자신의 능력을 개발해서 독창적인 일을 하려는 사람은 자신의 내면 깊은 곳까지 해방하지 않으면 충분한 창조성에 이르기 어렵다. 요구받은 일만 해내는 것이 아니라, 진정한 나를 세상에 드러내는 태도가 필요하다.

그렇게 마음을 열면 내면의 억눌린 능력이 자연스레 솟아오른다. 그러면 더 이상 순응적이고 근엄한 이미지를 표현하기 위해 입었던 먼지투성이의 평범한 정장은 필요 없어진다. 물론 복장이 자유를 의미하는 건 아니다. 자유가 외모와 복장까지 해방시킨다는 뜻이다.

결국 중요한 건 어떤 마음을 가지든, 감성까지 억누르지 않아야 한다는 점이다. 감성을 억누르면 지금까지 길러온 능력도 함께 약해질 수 있다.

아이들은 이 사실을 본능적으로 안다. 그래서 억압적이고 명령만 하는 어른을 싫어한다. 법이나 규칙을 지키기 싫어하는 것도, 그것이 자기에게 본질적으로 무의미하다고 느끼기 때문이다. 실제로 법이나 규칙은 그것이 필요 없을 때마저도 질서 유지를 하려는 국가의 이성에 불과하다. 그건 비싼 세금뿐 아니라 우리의 자유와 능력까지 빼앗을 수 있다.

어떤 창조적인 일을 할 때든
늘 해오던 일을 할 때든
가벼운 마음가짐을 가지면 잘된다.
태어날 때부터 지닌 그 마음을 위축시키지 말고
끝까지 지켜라.

『인간적인 너무나도 인간적인』

어떻게 죽는지로
인생을 판단해서는 안 된다

1889년 1월 3일 목요일, 당시 45세였던 니체는 이탈리아 토리노의 길을 걷다 갑작스럽게 쓰러졌고, 경찰관 두 명에 의해 병원으로 이송됐다. 이후 여동생의 간병을 받다가 55세에 생을 마감했다. 이 장면만 보고 누군가는 니체의 삶을 "비참하게 끝난 인생"이라 단정 짓기도 한다. 그러나 과연 죽는 방식만으로 한 사람의 인생 전체를 판단할 수 있을까?

사람이 세상을 떠나는 방식은 크게 세 가지뿐이다. 사

고, 살해(자살 포함), 질병.

누군가 살해당해 죽었다고 해서, 그 인생 전부가 비참했다고 말할 수 있을까? 그렇다면 전쟁터에서 전사한 군인도 모두 비참한 인생을 산 것인가? 물론 고문당하며 생을 마감하는 경우처럼, 죽음에 이르는 과정이 고통스러울 수는 있다. 하지만 어떤 형태이든, 죽음 자체가 비참하다고 단정할 수는 없다. 죽음은 어디까지나 인생의 일부일 뿐이다.

필자의 아버지는 9월에 돌아가셨다. 그리고 마지막 반년 동안은 병실에서 튜브를 끼고 연명 장치에 의존하며 지내셨다. 나는 그 장치가 오히려 아버지를 괴롭게 만든다고 느꼈다. 그래서 아버지가 돌아가셔서 튜브에서 해방되었을 때, 슬픔보다는 오히려 안도와 기쁨이 앞섰다.

우리는 흔히 수명을 다한 죽음을 '대왕생(大往生)'이라 부르며 아름다운 죽음처럼 포장한다. 하지만 그 말은 일본 불교에서 만들어낸 말일 뿐, 그 안에는 어떤 값어치 있는 의미도 포함되어 있지 않다. 겉보기에 평온한 죽음이라도 사실은 복합적인 질병의 결과일 수 있다. 그리고 대왕생이 좋은 죽음이라면 그 이름이 붙지 않은 죽음은 모두 좋지 않다는 말인가.

문제는, 사람들이 죽음의 방식까지 평가를 내리려 한다는 것이다. 어떤 방식으로 죽었든, 그 형태만으로 그 사람의 삶 전체를 재단해서는 안 된다.

그럼에도, 내가 어떻게 죽을지도 모르면서 죽음의 방식만을 두고 타인의 인생을 제멋대로 판단하는 사람은 여전히 많다.

예를 들어, 우울증을 앓던 어니스트 헤밍웨이는 61세에 스스로 생을 마감했다. 그렇다고 해서 그의 작품 가치가 줄어들었는가? 아니다. 그러나 많은 사람은 그의 죽음 방식을 인생의 결론처럼 여긴다. 그 이유는 인생을 하나의 '덩어리'로 보려는 습관 때문이다. 사람들은 그 덩어리 안에 모든 인과관계가 들어 있고, 마지막 죽음이 그 인과의 결말이라 믿는다. 하지만 그건 그저 하나의 생각일 뿐, 그 어떤 증거도 없다.

물론 그렇게 믿는 것은 자유다. 하지만 그 개인적인 잣대로 타인의 인생을 평가하는 것은 명백하게 무례한 행위다. 이는 나 자신에 대해서도 마찬가지다.

평가하지 말자. 멋대로 의미를 부여하지 말자. 세간에 찌든 사람들이 자랑스럽게 읽는 조의문에 귀 기울이지 말고 그 사람의 인생을 있는 그대로 존중하자.

애초에 원인도 결과도,
모두 어떤 과정에 나타난 중간 지점에 불과하다.
그 위에 억지로 선을 긋고 이름을 붙이는 것은
전적으로 우리의 머릿속에서 일어나는 일이다.

『즐거운 지식』

3장

인생에는 정답이 없다

인생에서 정답을 찾지 마라

니체가 그리스도교를 강하게 비판한 이유는, 당시 19세기 유럽 사회를 지배하던 가치관과 도덕 체계가 바로 그리스도교 신학에서 비롯된 것이었기 때문이다. 만약 그리스도교의 가치관과 논리적 도덕이 사회 전반을 지배하지 않았다면, 니체 역시 굳이 그것을 비판할 필요가 없었을 것이다.

니체가 만약 20세기 이후 현대 사회에 살았다면, 그는 자본주의가 만들어낸 가치관과 윤리관을 똑같이 비판했을 것이다. 그리고 그 비판 역시 그 시대 사람들에게는 눈엣가시처럼 여겨졌을 것이다. 그가 전하고자 한 핵심은 단순하다. 바로 '어딘가에 절대적인 정답이 있다고 믿지 말라.'는 것이다. 하지만 사람들은 시대를 불문하고 언제나 정답만을 찾으려 한다. 학교 교육은 학생에게 점수를 매기고, 정답과 오답을 ○와 ×로 구분한다. 그렇게 우리는 어릴 때부터 '세상에는 반드시 정답이 존재한다.'라는 사고방식에 익숙해진다. 이 사고방식은 성인이 되어서도 이어진다. 사람들은 직장에서든 인간관계에서든 언제나 하나의 '올바른 방법'만을 찾으려 한다.

현대 사회는 자본주의 체제에 기반하고 있다. 그리고 자본주의에서 가장 큰 정답은 매출을 올리는 것이다. 문제는, 이것이 기업이라는 조직 안에서 만들어진 특정한 가치관일 뿐이라는 점이다. 하지만 많은 사람들이 이 사실을 인식하지 못한 채, 자본주의적 정답을 자신의 인생에까지 적용한다.

그러면 인생은 제한 시간이 있는 하나의 퍼즐 같은 것

이 되어버린다. 최단거리로 미로를 벗어나는 자가 승리하는 퍼즐 말이다. 출구는 단 하나의 정답이 된다. 한시라도 빨리 그 출구로 도달하기 위한 치열한 경쟁이 시작된다.

그러나 인생은 애초에 퍼즐도, 경쟁도 아니다. 인생은 본래 누구에게나 '자기 자신만의 것'이다.

인생이 내 것이라면 남들과 싸울 필요 따위는 없다. '인생은 게임이다.', '인생은 전쟁이다.' 같은 말은 욕심 많은 경영자들이 심리적으로 종업원을 자극하고 조종하여 일하게 하려고 만든 허구에 불과하다.

정답이 반드시 있다고 믿는 사람은 '올바른 삶', '올바른 일 처리 방식', '올바른 예절', '올바른 노화 방식' 같은 개념을 믿게 된다. 그리고 결국은 전통이나 정통성 같은 간판에 끌려다니게 된다.

전통이나 정통성이라는 체계 안에서 기득권을 누리는 사람들은, 그것이 얼마나 억압적이고 비인간적인지를 잘 모른다. 전통과 정통성은 마치 집안의 서열처럼 절대적인 정점을 설정하고, 자연스럽게 계층을 형성하며 그 밖의 사람들은 배제하는 구조를 만들어낸다.

그 구조는 사람들을 조종하고 지배하기에 용이하다. '올바름'이라는 간판에 매혹되는 순간, 그 안에는 억압과 고통, 그리고 굳어버린 계급 질서가 깊게 뿌리내린 늪이 기다리고 있을 뿐이다.

마음의 여유를 잃은 채
합리적인 행동만을 중시하고
인간적인 일을 쓸모없는 낭비로 여긴다면,
결국 자신의 인생 자체를 잃게 된다.
이런 일은 생각보다 자주 일어난다.

『방랑자와 그 그림자』

안전 따위는 존재하지 않는다

니체는 말했다.

"첫걸음은 누구에게나 위험하지만, 발을 내딛지 않으면 아무 일도 시작되지 않는다."

어떤 일이든 착수를 해야 뭐라도 시작되는 건 당연한 일이지만, 많은 이들은 이 당연한 일을 좀처럼 실행하지 않는다.

그들은 먼저 그 일이 나에게 어떤 이익을 줄지부터 계산한다. 하지만 그 예상을 마친 뒤에도 바로 행동에 나서지 않는다. 비슷한 일을 하고 있는 다른 사람들의 사례를 관찰하며, 결과와 안정성을 따져본다. 그리고 안전성과 수익성이 충분하다고 느끼면 비로소 구체적인 순서를 계획한다. 그리고 그 순서를 실행하는 데에서도 더 효율적인 방법을 찾는다.

그리고 나서도 행동으로 착수하지 않는다. 생활 속에서 준비 시간을 세심하게 배분하고, 목표를 설정하고, 필요한 도구나 책을 찾아 목록을 만든다. 자기가 그려낸 계획을 다시 한번 짜보거나 빠진 곳이 없는지 세세히 확인한다. 그리고 드디어 완벽하다고 느낀 그 순간, 더 이상 남은 시간이 없다는 사실을 깨닫는다.

현실은 결코 이론이나 계획대로 흘러가지 않는다. 인생은 정해진 코스대로 달리는 모형 버스가 아니다. 무작위의 사건과 변수로 가득하며, 예측이란 거의 불가능에 가깝다.

이 사실을 모두 알고 있음에도 불구하고, 많은 사람들은 여전히 세상이 이론이나 매뉴얼처럼 움직이기를 기대한다. 이 기대의 밑바탕에는 '나만은 예외적으로 안전하고 풍요롭게 살 수 있다.'는 보신적 사고방식이 깔려 있다. 직장, 수입, 연금 등 모든 것이 보장되기를 바라는 것이다.

이는 시스템 의존적인 사회 풍조가 만들어낸 고정관념이다. 시스템만 잘 갖춰져 있으면 실패나 재해도 막을 수 있다는 믿음이 팽배하다. 그 결과, 이 사회는 지나치게 관념적이다. 죽음, 질병, 사고처럼 누구에게나 닥칠 수 있는 자연스러운 일조차 불행하고 예외적인 것으로 여긴다.

그러나 어떤 시스템, 어떤 사회에서도 위험은 사라지지 않는다. 그렇다면 우리는 위험을 두려워하기보다, 그 위험을 인지한 상태에서 한 걸음을 내디뎌야 한다.

머릿속 계획에만 매달리지 말고, 지금 이 현실 속에 발을 디뎌야 한다. 그렇게 하지 않으면 아무것도 얻을 수 없고, 스스로 성장할 수도 없다.

이 교훈은 세계 각지의 종교, 신화, 전승 속에서 반복되어 전해진다. 예를 들어 성경 '창세기'에서 하나님은 아브라함에게 말한다.

"멈추지 말아라, 떠나라."

그럼에도 불구하고, 현대인은 관념이 만든 일시적인 시스템과 매뉴얼에 의존하며, 마치 앞으로 수십 년을 안전하게 살아갈 수 있을 것처럼 착각한다. 하지만 그 어떤 것도 보장되어 있지 않다. 안전 따위, 애초에 존재하지 않는다.

모든 시작에는 위험이 따른다.

그러나 어떤 것이든, 시작하지 않으면 아무 일도 일어나지 않는다.

『인간적인 너무나도 인간적인』

문제는 '해결'이 아니라
'해소'해야 한다

현실 속에서 '생각만으로 해결할 수 있는' 문제는 존재하지 않는다.

학자들은 현실의 문제를 어떻게든 해결하려 애쓰지만, 실제 상황은 그 이론에 잘 들어맞지 않는다. 경제학자들의 예측과 실제 경제 상황을 비교해 보면 이는 분명해진다.

그렇다면 아무리 생각해도 해결되지 않는 문제 앞에서, 생각은 무의미한 걸까? 그렇지는 않다. 생각 자체가 해가 되는 건 아니다. 다만, 생각만으로는 문제를 해결하기 어렵다. 문제는 고정된 상태로 얌전히 앉아 있는 것이 아니라, 끊임없이 변화하고 움직이기 때문이다.

문제는 마치 살아 있는 '생물' 같다. 매일 모습을 바꾸고, 여기저기 옮겨 다니며, 때로는 찢어져서 내용물이 흘러나오거나 폭발하기도 한다. 시간이 지나면 또 다른 문제를 낳고 퍼뜨리기까지 한다. 우리 각자가 가진 여러 문제들도 이와 다르지 않다.

이런 문제를 반드시 제대로 '해결'해야 할 필요는 없다. 질서정연하게 해결하려다 보면 또 이런저런 생각만 많아지고 그러다 보면 결국 실행하지 못한 채 시간만 흐른다.

오히려 가장 현실적인 방법은 문제를 완전히 변질시키는 것이다. 그렇게 하면 문제가 가진 불쾌함까지 변질되어 다루기 쉬워진다. 혹은 문제 자체가 스스로 무너져 사라지기도 한다. 이렇게 문제를 변질시키기 위해서는 약간의 용기가 필요하다. 그건 바로 '내가 직접 관여하는 것'

이다. 생각만 하며 멀리서 바라보는 것이 아니라, 직접 손대고 경험해보는 것이다. 그렇게 발을 들이면, 문제의 본질이 겉보기와 다르다는 걸 깨닫게 된다. 그리고 그 순간, 무엇부터 시작해야 할지 자연스럽게 감이 온다. 일단 시작하면 다음 단계는 저절로 떠오른다. 그렇게 하나씩 문제의 실마리가 풀려간다.

물론 이 과정에서 번거로움을 피하기 위해 시스템이나 매뉴얼에 의존하고 싶을 수도 있다. 하지만 그게 제일 위험하다. 청소를 예로 들어보자. 손 대신 자동 청소기와 같은 도구를 사용하면 훨씬 편하고 빠르지만, 그 과정에서 손끝의 감각은 사라지고, 청소의 디테일은 블랙박스 속에 감춰진다. 이건 마치 눈을 가린 채 괴물과 싸우는 것과 다름없다.

직접 손을 대야만 문제의 본질, 변화의 방향, 약점이 어디 있는지를 알 수 있다. 이 감각은 오직 자신의 손으로만 얻을 수 있다.

큰 조직이 무너지는 이유도 이와 같다. 리더가 문제를

직접 다루지 않고, 몇 겹의 벽 뒤에서 전해 들은 이야기로만 판단하기 때문이다. 조직이 약한 것이 아니라, 손과 몸이 약해진 것이다. 나의 손으로 문제를 직접 만지는 행위는 마치 애무와도 같다. 사람을 경계하던 유기견도 돌봄을 받으며 점점 마음을 열게 되는 것처럼 문제 역시 길들여질 수 있다.

그렇게 되면 문제는 이미 그 성질이 변해있고, 내가 통제할 수 있는 범위가 훨씬 넓어진다. 결국 문제는 머리로 풀어서 '해결'하는 것이 아니라, 손을 대서 '해소'해야 한다.

📖

어떤 일이 불합리하다고 해서

그것이 그 일을 폐지해야 할

첫 번째 이유가 될 수는 없다.

오히려 그 불합리함이,

그 일을 필요하게 만드는 하나의 조건이

될 수도 있기 때문이다.

『인간적인 너무나도 인간적인』

인간은 이해할 수 없는 존재다

이 세상에는 이성만으로는 설명되지 않는 일들이 분명히 존재한다.

누군가는 말로 설명할 수 없는 신비롭고 이상한 체험을 직접 겪기도 한다. 반면, 그런 경험을 한 번도 하지 못한 사람도 있다. 하지만 수많은 신비한 체험을 했다고 해서, 그것이 곧 영혼의 세계나 저승이 실재한다는 증거가 될 수 있을까? 혹은 그런 경험이 없다고 해서, 신비의 세계 자체를 없다고 단정할 수 있을까?

어쩌면 이런 체험의 유무는 그 사람이 세상을 인식하

는 방식, 그리고 사건을 받아들이는 태도에 따라 달라지는지도 모른다. 우리는 자신이 쌓아온 지식과 사고방식의 틀 안에서 세상을 바라본다. 결국, 경험은 그 사람이 가진 인식의 틀을 벗어나기 어렵다.

예를 들어, UFO라는 개념을 전혀 모르는 사람은 하늘에서 이상한 물체를 봐도 그것을 UFO라고 인식하지 못할 것이다. 유령, 요괴, 신, 천사 같은 개념도 마찬가지다. 결국, 무엇을 보고 어떻게 해석하느냐는 우리가 사전에 가진 개념과 믿음에 크게 좌우된다. 그러나 개념과 지식의 유무와 상관없이, 때로는 신기한 경험이 우리 삶에 불쑥 찾아오기도 한다. 그중 가장 흔하면서도 특별한 것이 바로 '우연한 만남'이다. 예상하지 못한 순간에 뜻밖의 사람과 마주치는 경험은 많은 이들이 한 번쯤 겪어봤을 것이다. 우리가 만약 그 우연한 만남에 어떤 의미를 부여하면, 그것은 중요한 무언가를 암시하는 신호나 가르침이 될 수 있다. 반대로 이를 단지 확률적으로 있을 법한 일 정도로 치부해버리면, 그 우연은 아무 의미도 없는 평범한 일이 되어버린다.

그렇다면 어느 쪽이 우리의 삶에 더 많은 색채와 감정을 불어넣을까? 물론, 전자다. 그래서 문학과 이야기는 늘 우연과 기묘한 체험들로 가득 차 있다.

'세상에 신비란 없다.'라고 단언하는 사람도 있다. 그들은 모든 일을 합리성이라는 틀 안에 가두려는 성향을 가진다. 이는 마치 국어사전에 수록된 단어만이 인간의 언어 전부라고 믿는 것과 같다. 하지만 인간은 표정, 몸짓, 분위기, 침묵으로도 말한다. 실제로 이런 표현되지 않은 언어들을 부정할 수 있는 사람은 없다.

모든 것을 이성과 논리로 설명하려는 태도는 과학적으로 보일 수는 있어도, 이는 결국 인간의 본질을 한쪽 눈으로만 바라보려는 일이다.

그런 태도는 인간 내면에 깊이 자리 잡고 있는 불가해한 세계를 애써 외면하는 것이기 때문이다.

한밤중, 우리가 맥락 없이 꾸는 꿈을 떠올려보자. 그 안에는 이성이나 언어로는 설명할 수 없는 혼돈과 상징이 가득하다. 그렇다. 인간의 내면에는 도저히 이름 붙일 수 없는 어떤 것이 끊임없이 꿈틀대고 있다. 그리고 어쩌면 그 이해할 수 없는 무언가가 바로 우리가 살아가는 데 반드시 필요한 감정, 상상력, 창조성, 통찰력의 근원일지도 모른다.

그러한 것들이 없다면, 우리는 정말로 '살아간다.'라고 말할 수 없을 것이다.

감각이나 관능을
천박하거나 거짓된 것으로 치부하며
억지로 자신에게서 멀어지게 하지 말아라.
인간은 예로부터 감각을 예술로 승화시켜
문화라는 것을 만들어왔으므로.

『권력에의 의지』

머리가 아니라 몸에 지혜가 있다

우리는 지금까지 정신이 몸보다 더 뛰어나다고 배워 왔다.

그래서 정신이 주인이며, 몸은 그에 복종하는 시종이라는 생각이 당연하게 받아들여졌으며, 이는 신플라톤주의 철학과 기독교 신학에서 비롯된 사상이다. 마음을 더 중시하는 사고방식 역시 여기서 유래했다. 이러한 관점은 교육 전반에 스며들었고, '이성'이야말로 인간의 가장 뛰어난 능력이라는 믿음이 당연한 진리처럼 오랫동안 자리 잡았다.

하지만 니체는 전혀 다른 관점을 제시했다. 그는 '몸'이 진짜 주인이라고 보았다. 정신이나 이성, 감각기관은 오히려 몸을 위해 존재하는 도구에 불과하다고 했다. 나아가 그는 몸을 "위대한 이성"이라 표현하며, "무슨 일이 있어도 자신의 몸을 경멸하는 짓은 하면 안 된다."라고 강조했다.

이러한 주장은 현대인의 관점에서는 다소 생소하게 들릴 수 있다. 하지만 우리의 일상 경험을 떠올려보면, 그의 주장은 생각보다 낯설지 않다. 예를 들어, 피로를 느끼는 순간을 떠올려보자.

우리가 "피곤하다."라고 말할 정도라면, 실제로 의학적으로도 꽤 피로가 누적된 상태일 가능성이 크다. 그런데 우리는 종종 "조금 피곤한 것뿐이야."라며 대수롭지 않게 넘기곤 한다. 그러나 정말 그럴까? 내 몸이 보내는 신호를 무시하고, 스스로에게 거짓말을 하고 있는 건 아닐까? 결국, 피로를 가장 먼저 인지하고 받아들이는 주체는 이성이 아니라 '몸'이다.

몸이 피곤하면 이성은 흐려지고 감각도 둔해진다. 반대로 몸이 건강할 때에야 비로소 이성이 제대로 작동하고, 감각도 온전해진다.

이성과 감각은 몸 상태에 따라 좌우되며, 본질적으로는 몸에 종속된 기능이라 할 수 있다. 더 나아가, 우리가 의식조차 못 하는 순간에도 몸은 생명을 유지하는 지혜를 쉼 없이 발휘하고 있다.

우리가 배워서 얻는 지식이나 논리보다 훨씬 더 깊고 위대한 지혜가 몸 안에서는 매 순간 실천되고 있는 것이다. 자율신경계만 보더라도, 우리가 의식하지 않는 순간에도 숨을 쉬고, 체온을 유지하고, 혈액을 순환시킨다. 몸은 최선의 방법으로 스스로를 관리하고 살아남는다.

이성은 몸을 지배하지 못한다. 그것을 단적으로 보여주는 사례가 바로 PTSD, 외상 후 스트레스장애다. 예컨대, 횡단보도에서 교통사고를 당했던 사람은 사고 이후 몇 개월 동안, 아무리 안전한 상황임을 이성이 인지해도, 횡단보도 앞에서 몸이 먼저 멈춰버리는 경험을 하게 된다. 머리로는 괜찮다고 이해하지만, 몸은 여전히 위험을 기억하고 반응하는 것이다. 이때가 바로 몸이 가진 고유한 이성이 드러나는 순간이다.

결국 우리는 무슨 일이든 머리로만 판단해서는 안 된다. 때때로 조용히 내 몸의 반응을 살펴야 한다. 몸이 주는 신호는 단순한 감각이 아니라, 생명을 지키는 가장 본능적이고도 근본적인 지혜이기 때문이다.

정신이나 이성이 개입하기 전에
우리의 육체는 스스로의 생존을 위해
최선의 작용을 하고 있지 않은가.
이 육체야말로 생존의 지혜로 가득 찬
위대한 이성이라고 불러 마땅하지 않을까.

『차라투스트라는 이렇게 말했다』

자의식이 없어질 때까지 집중해 보자

우리는 어떤 일을 완수하거나 목표를 이루기 위해서는 '집중'이 필요하다는 사실을 경험으로 알고 있다. 몸이 아플 때도 완치되기 위해서는 꾸준히 집중하여 치료를 받아야 한다. 글을 쓸 때도, 공부할 때도, 연애를 이어갈 때도 집중력은 필수다.

물론, 무언가를 성취하는 방법에는 수많은 노하우가 존재한다. 그러나 대부분은 상황과 환경에 따라 효과가 달라진다. 그럼에도 불구하고 '집중'만큼은 언제나 유효하다.

그래서 집중은 모든 노하우 중에서 가장 기본이자 핵심이라고 할 수 있다.

그 점을 인식한 많은 기업들은 직원들의 집중력을 높이기 위해 명상이나 호흡 훈련 같은 프로그램을 도입하고 있다. 이러한 방법은 불필요한 잡념을 줄이고, 마음을 차분하게 만들어 업무에 더 몰입할 수 있도록 돕는다. 실제로 이 같은 훈련은 집중력 향상뿐 아니라, 심신 안정에도 효과적이다.

하지만 이런 방식의 집중에는 분명한 한계가 있어, 일정 수준 이상으로 끌어올리기는 어렵다. 자기 작업에 혼신을 다하는 예술가나 장인처럼, 깊은 몰입의 경지에 이르기는 힘들다는 뜻이다. 그럴 수밖에 없는 게, 기업의 최종 목표는 어디까지나 생산성과 수익의 극대화이기 때문이다. 이미 성과 중심의 사고가 깔려 있는 환경에서는 집중력도 일정 수준 이상으로 올라가기 어렵다. 아마 기업 입장에서는 그 정도만으로도 충분하다고 생각할 것이다.

하지만 무언가를 '창조'하는 사람들, 예술가나 장인, 연구자 등은 다르다. 그들은 단지 결과물을 만들어내기 위해 집중하는 것이 아니다. 돈이나 명예 때문도 아니다. 그저 '하고 싶은 일'을 하기 때문에 몰입한다. 목적이 있어 시작했더라도, 어느 순간부터는 그 과정 자체에 푹 빠져들게 된다. 목적은 사라지고 행위 그 자체가 전부가 되는 것이다. 그들은 자신이 하는 일을 수단으로 여기지 않는다. 오히려 그것이 삶 그 자체다. 결과가 좋든 나쁘든, 남들의 평가조차 중요하지 않다. 마치 한창 놀이에 몰입한 아이처럼, 오직 지금 이 순간, 눈앞의 일에만 온 신경을 집중한다.

이 상태야말로 진정한 몰입, '전인몰입(全人沒入)'이다.

이러한 몰입 상태에 있는 사람들에게서 일부 기술만 따로 빼내어 범용적인 '노하우'로 만든다 해도, 그들과 같은 수준에 도달하는 것은 불가능하다. 왜냐하면 그 기술이 진정한 힘을 발휘하는 순간은 오직 '전인몰입'이라는 깊은 집중이 이루어졌을 때이기 때문이다.

최고 수준의 집중을 하는 사람은 실제로 자기 자신을 잊는다.

잡다한 일, 고민, 세금 납부 같은 현실적인 문제도 다 잊는다. 그 순간만큼은 이 세상과 완전히 단절된 상태가 된다. 그래서 시간 감각도 사라지고, 배고픔마저 잊는다.

물론, 기업 내에서 하는 일은 이처럼 극단적인 집중까지는 요구되지 않는다. 그러나 우리가 그런 사람들을 통해 배워야 할 점은 분명 있다. 그것은 바로, '일에 온전히 몰입할 때, 자의식이 사라진다.'라는 것이다. 이 상태에 들어서면 집중력은 놀랄 만큼 높아진다.

활발하게 움직이며 어떤 일에 열중할 때는

스스로를 지나치게 돌아보거나 반성하지 않는다.

따라서 누군가의 부정적인 생각이나 평가에

쉽게 분노가 치민다면 그건 바로

내가 지쳤다는 증거다.

이럴 때는 잠시 멈춰 나 자신을 쉬게 해야 한다.

『아침놀』

한 번 성공한 방법이
매번 잘된다는 보장은 없다

성공한 사람의 길을 그대로 따라갈 수는 없다. 누군가 먼저 닦아놓은 길도 시간이 지나면 그 흔적이 사라지거나, 길 자체가 바뀌어 더 이상 그 길로는 걸어갈 수 없게 되기 때문이다. 어떤 산은 이미 정복되어 사람들이 몰리며 평탄한 언덕이 되거나, 지나치게 소비되어 메마른 사막이 되어버리기도 한다.

인간은 과거의 일을 배우고, 그 구조를 분석하고, 과정을 이해해 마치 재현하듯 설명할 줄 아는 능력을 갖추고 있다. 학교 교육은 이 능력을 더욱 강화시킨다. 문제를 정확히 분석하고 정답을 도출해내면 높은 평가를 받는다. 이런 과정을 반복하면서 사람들은 이 능력이 곧 '전반적인 뛰어남'을 의미한다고 믿게 된다. 이른바 '수재'가 만들어지는 방식이다. 그렇게 탄생한 수재는 기존의 성공 사례를 연구하고, 그 방식을 그대로 따라 하면 자신도 성공할 수 있을 거라 믿는다. 하지만 그가 미처 깨닫지 못한 건, 그 성공은 오직 한때의 과거에만 유효했던 방식이라는 것이다. 결국 이런 식으로 만들어진 성공법은 과거에서 자의적으로 뽑아낸 결과론에 불과하다. 그리고 이미 누군가 정복했던 산은 이제 더 이상 정상이 아니며, 어느새 완전히 황폐한 사막이 되어 있다.

우리는 흔히 어떤 일이나 현상을 시간의 흐름에 따라 원인과 결과를 연결해 이해하려는 경향이 있다. 그렇게 인과관계로 정리된 이야기는 흐름이 자연스럽고 말이 되기 때문에, 다른 사람도 쉽게 받아들이게 된다. 일상적인 대화뿐 아니라 책이나 강연, 그리고 성공담도 대부분 이런 방식으로 구성된다. 그래서 성공법이라는 것도 마치 누구나 따라만 하면 같은 결과를 낼 수 있을 것처럼 보인다.

우리가 이처럼 세상을 선형적으로, 즉 순서 있게 바라보는 습관은 문법이 있는 언어를 사용하기 때문이다. 언어는 생각을 생략하거나 요약하고, 인과를 연결하며, 마침내 하나의 결론에 도달하게 만든다. 이 구조 덕분에 우리는 명확한 원인과 결과가 있는, 일관된 이야기를 쉽게 만들어낸다.

하지만 실제 현실은 그렇게 단순하지 않다. 세상에서 벌어지는 거의 모든 일은 예측하기 어렵고, 일정한 흐름 없이 전개되며, 필연적인 결과보다 우연한 사건이나 뜻밖의 변수가 훨씬 더 자주 나타난다. 따라서 대부분의 상황은 원인과 결과만으로는 설명하기 어려울 만큼 복잡하게 얽혀 있다. 우리는 그 점을 경험으로 충분히 알고 있으면서도 여전히 사람들의 성공담을 듣고, 그 과정을 따라 배우려 한다.

그러므로 그런 이야기를 절대적인 법칙이나 보편적 진리로 받아들이기보다, 언제든 다양한 형태로 다시 나타날 수 있는 가능성으로 이해하는 태도가 필요하다. 마치 도구함에 여러 공구를 모아두듯, 지금 당장 필요하지 않더라도 언젠가 유용할 수 있다는 생각으로 받아들이면 된다.

어떤 일이든 그 안에는 한 사람의 경험이 스며있다. 그 경험은 형태를 달리해 언젠가 내 삶에 다시 나타날 수 있다. 그것을 알고 있는가 아닌가에 따라 나의 태도는 달라지고, 내가 오르는 산길에서도 더욱 신중하고 주의 깊게 걸을 수 있게 된다. 비록 지금 내가 오르는 산은 옛사람이 걸었던 산과는 다르지만, 결국 한 걸음씩 올라간다는 점에서는 똑같기 때문이다.

이미 누군가가 닦아놓은 길을 따라가지 마라.
나만의 길을 가라. 그저 넓고 끝없는 세상 속에서
나의 길을 스스로 개척하라.
나를 내가 이끌어서 당당히 나아가라.

『즐거운 지식』

원인이 있어서 결과가 생긴다는 생각은 버려라

우리는 어떤 결과가 나타나면, 반드시 그에 앞선 원인이 있었을 것이라고 생각한다. 하지만 실제로 모든 일은 그렇게 단순하지가 않다. 원인과 결과를 구분하고, 그 사이에 인과를 부여하는 일은 대부분 '성과'를 과시하거나 책임을 회피하고 싶은 사람들이 만들어낸 논리일 뿐이다.

예를 들어, 어떤 정치인이 "내가 이 정책을 세운 덕분에 도시가 활성화됐다."라고 말한다면, 이는 자기 합리화에 가까운 주장이다. 도시의 발전에는 수많은 요소가 얽혀 있고, 그 안에는 우연도, 타인의 기여도, 예측 불가능한 변화도 포함되어 있다. 단일한 원인으로 결과를 설명하는 것은 일종의 착각이며, 논리학적으로는 '후건긍정의 오류'에 해당한다.

 범죄의 경우도 마찬가지다. 지하철에서 성추행을 하다 잡힌 사람이 "스트레스 때문이었다."라고 변명하거나, 물건을 훔친 사람이 "생활고 때문에 그랬다."라고 말하는 경우가 있다. 그러나 같은 스트레스나 어려움 속에서도 묵묵히 자신의 일을 하며 법을 어기지 않는 사람이 훨씬 많다. 특정 원인 하나로 모든 결과를 설명할 수 없는 이유다.

 창작 활동도 예외가 아니다. 책을 오랜 시간에 걸쳐 쓴다고 해서 반드시 그만큼 더 많이 팔리는 것은 아니다. 방송과 각종 활동에 바빠 늘 시간이 없었던 일본의 작가 노사카 아키유키는 대표작 『반딧불이의 묘』를 단 6시간 만에 완성했지만, 그 책은 여전히 수많은 독자에게 사랑

받고 있다. 물론 이 작품의 성공이 짧은 집필 시간 덕분이었다고 말할 수는 없다.

결국, 어떤 행위가 반드시 특정한 결과를 보장하는 것은 아니라는 것이다.

중국의 고사 '인간만사 새옹지마'는 바로 이 점을 잘 보여준다.

옛날, 호胡나라와 인접한 변방에 한 노인이 살고 있었는데, 어느 날 그의 말 한 마리가 호나라로 도망쳤다. 마을 사람들이 안타까워하며 위로하자 노인은 '조만간 좋은 일이 있겠지.' 하고 말했다. 놀랍게도 며칠 뒤, 도망쳤던 말이 호나라의 준마 여러 마리를 이끌고 돌아왔다. 이를 본 이웃들이 축하했지만, 노인은 '이번 일로 화가 닥칠지도 모르겠다.'라고 말했다. 과연 그 말처럼, 노인의 아들이 말을 타다 떨어져 다리가 부러졌다. 이웃들은 또다시 안타까워했지만 노인은 '이 일이 복을 불러올지도 모른다.'라고 했다. 그로부터 얼마 지나지 않아 호나라의 침략으로 전쟁이 벌어졌고, 많은 젊은이가 전사했다. 그러나 노인의 아들은 다친 다리 덕분에 전쟁에 나가지 않아 목숨을 건졌다.

원인과 결과를 쉽게 단정 짓는 사람은 고집스럽고, 때로는 우스꽝스러울 만큼 단선적인 사고방식을 가진다. 그러나 세상에서 벌어지는 일은 연구실 속 물리 실험처럼 깔끔하게 원인과 결과가 연결되지 않는다.

그 이유는 모든 일에 인간이 관여하기 때문이다. 사람의 행동과 선택이 개입된 순간, 상황은 끊임없이 변한다. '인간만사 새옹지마'라는 고사도 바로 이 점을 말한다. 여기서 '인간'은 '세상사'를 뜻하며, 세상에서 벌어지는 모든 일이 언제든 변할 수 있음을 비유하고 있다.

원인과 결과로 사물의 본질을 이해했다는 식의

느낌은 착각에 불과하다.

많은 이가 똑같이 생각하더라도

그게 옳다는 보증이 되지 않는 건 당연한 일이다.

『아침놀』

친구는 나를 성장시켜 준다

어떤 사람을 믿을 수 있는지, 누가 진정한 친구인지가 드러나는 순간은 큰 고난을 겪을 때다. 오로지 자기 이익만 생각하는 사람은 위기 앞에서 등을 돌리거나, 손바닥 뒤집듯 바로 태도를 바꾼다. 어떤 경우에는 곤란한 상황을 틈타 이득을 취하려는 속셈을 드러내기도 한다.

그런 사람을 '기회 포착에 능하다.', '줄타기를 잘한다.', '여우처럼 교활하다.'라고 표현할 수 있다. 하지만 정작 중요한 순간에 유형이나 무형의 담보 없이는 믿을 수 없다면, 그건 친구가 아니다.

전우 사이의 유대가 깊은 이유도 여기에 있다. 죽음의 위험으로 가득한 전쟁이라는 고난 속에서 각자의 인간성이 확연히 드러나는 상황을 많이 접했기 때문에, 서로가 어떤 사람인지 잘 알고, 믿을 수 있다는 확신이 있기 때문이다.

반대로, 전쟁터보다 훨씬 안전한 도시 생활 속에서는 진정한 친구를 얻기 어려운 경우가 많다. 그 이유는 연기나 허식만으로도 충분히 살아갈 수 있고 관계를 대신할 수 있는 것이 얼마든지 있기 때문이다. 그래서 쉽게 헤어지거나 배신하며 인간적인 교제가 진지하지 않다.

니체는 친구를 잃는 두 가지 요인으로 질투와 자만심을 꼽는다.

질투는 자신과 상대를 동일시하지 않는 데서 비롯된다. 만약 상대도 나와 똑같다는 감각이 있다면, 그의 기쁨이 곧 나의 기쁨이 된다.

사이가 좋은 부모와 자식 관계에서 이런 공감이 자주 나타난다.

자만심은 자신이 우월하다는 확신에서 생긴다. 나만 다르다고 믿는 사람은 상대와 자신을 같은 위치에 두려 하지 않는다.

애초에 상대와 어울릴 의지가 없으니 친구가 될 수 없다. 이런 사람은 직함으로 불리길 좋아하고, 대화 속 말투에도 예민하다. 사람을 있는 그대로 보지 않고 사회적 역할로만 인식하는 것이다. 그래서 관계 역시 그렇게밖에 맺지 못한다.

히틀러는 11세에 오스트리아 린츠 실과 중학교에 입학하며 "나는 장래에 말단 공무원밖에 되지 못할 자들과 책상을 나란히 해야만 했다."라고 회상했다. 이 거만한 말은 극도의 자만심을 드러낸다. 자만심이 강한 사람은 자신이 어떤 사람인지 알지 못한다. 늘 남과 거리를 두고 특별대우만 원하기 때문이다.

그러나 자만심을 내려놓고 친구를 사귄 사람은 자신이 어떤 인간인지 알 수 있는 기회가 넘쳐난다. 허심탄회하게 친구와 대화하는 과정에서, 자신이 무엇을 생각하고 실제로 어떤 행동을 하는지 명백히 확인할 수 있기 때문이다.

　이는 매우 중요한 의미를 가진다. 혼자만의 생각에 빠져 괴로울 때도, 스스로에 대한 착각에서 벗어나게 해주고 제정신을 되찾을 수 있게 해준다. 또한 인생의 미로에서 길을 잃지 않도록 해 준다.

　따라서 친구와 나누는 대화는 단순한 잡담처럼 보일지라도, 나를 성장시키고 자기 초월로 이끄는 귀한 기회다.

　친구 역시 그 과정을 통해 함께 성장한다. 이런 상호작용은 학교 같은 교육 기관에서는 좀처럼 얻기 힘든 귀한 경험이다.

함께 괴로워하는 게 아니다. 함께 기뻐하는 것이다.

그렇게 하면 친구를 만들 수 있다.

그러나 질투와 자만은

친구를 잃게 하니 주의하라.

『인간적인 너무나도 인간적인』

선악을 차별하지 않고 받아들인다

'자기실현'이나 '자기초극'이라는 말을 들으면 거부감을 보이는 사람들이 있다. 마치 그것이 성인군자가 되기 위한 고상한 수행이자, 어떤 숭고한 계단을 한 걸음씩 올라야만 하는 과정처럼 느껴지기 때문이다. 그러나 이는 착각이다. 자기실현도, 자기초극도 모두 평범한 일상 속에서 이루어진다.

자기실현을 한다고 해서 특별히 위대한 존재가 되는 것은 아니다. 그저 '인간이 되는 과정'을 밟는 것뿐이다. 이미 인간으로 태어났는데 또다시 인간이 되라는 말이 이상하게 들릴 수 있다. 하지만 실상 많은 이들은 아직 '인간'이 되지 못했다. 그 이유는 우리 안에 여전히 선악의 가치관이 깊게 자리 잡고 있기 때문이다. 선은 늘 플러스, 악은 마이너스로 여기며, 될 수 있으면 플러스를 많이 쌓으려는 태도에서 우리는 자유롭지 못하다.

선과 악, 성공과 실패, 출세와 낙오, 승자와 패자…… 이런 구분은 모두 인간이 만든 관념일 뿐이다. 칠판에 써놓은 조잡한 도식에 불과하다. 살다 보면 누구든 선이나 악이라고 할 만한 것을 모두 만나게 된다. 그런데 그중 '선'만 선택하며 살 수 있을까? 절대 불가능하다.

세상에서 벌어지는 일들과, 모든 인물들은 크레용으로 색칠하듯 선과 악으로 깔끔하게 구분할 수가 없다.

선악은 결국 '나에게 유리한 것을 선이라 부르는' 주관적 개념에 불과하다. 순수하게 악으로만 물든 사람도 존재하지 않는다.

예를 들어, 집단으로 강도 범죄를 저지르는 사람은 법적으로 악인이다. 그러나 그들이 범행을 수행하려면 반드시 서로 신뢰하고 협력해야 한다. 그 신뢰와 협력은 '선'의 성질을 띤다. 즉, 악을 이루기 위해서도 선이 필요한 것이다.

따라서 선악은 관념일 뿐, 현실에선 순수하게 한쪽만 구현되는 경우는 없다. 대부분의 사물과 현상은 양면을 지니고 있어, 상황과 조건에 따라 전혀 다른 결과를 낳는다. 예를 들어, 어떤 물질은 우리 몸에 치명적일 수 있지만, 소량일 경우 오히려 건강에 도움이 된다. 백신과 유산균이 그 대표적인 예다.

자기실현도 마찬가지다. 흔히 나쁘거나 불편하다고 여기는 경험을 정면으로 마주했을 때, 우리는 삶과 사고방식을 바꾸고 새로운 능력을 발견할 수 있다.

인간관계나 업무에서도 스트레스, 갈등, 압박감이 있기에 다른 방법을 찾거나 고안해 낼 수 있고, 내가 몰랐던 힘을 끌어내기도 한다. 이것이야말로 인간이 되는 과정이다. 반대로, 불편함과 위험을 피하고 요령만으로 살아가겠다고 한다면, 이는 마치 신생아실 인큐베이터 안에서 평생 살겠다고 주장하는 것과 같다.

    자기초극이나 자기실현을 진정으로 이루고 싶다면, 세상의 모든 것을 있는 그대로 받아들이는 태도가 필요하다. 좋고 나쁨을 가르지 않고, 혼란스러운 상황 속에서도 무너지지 않는 마음을 가지며, 먼저 세상에 감동할 줄 아는 마음을 길러야 한다. 이 마음을 익혔을 때 우리는 타인뿐 아니라 자신까지도 진심으로 용서할 수 있다. 그때부터 비로소 본능과 이성, 잠재력을 모두 갖춘 온전한 인간이 되기 위한 첫걸음을 내딛게 된다.

> 내 안에 있는 악을 외면하지 말고
> 오히려 그것을 정성껏 다루어라.
> 그렇게 함으로써 우리 자신을
> 인간으로서 더 크고 건강하게 키울 수 있다.
>
> 『생성의 무죄』

머리로 생각하는 것에는 한계가 있다

앞으로 무슨 일이 벌어질지, 무엇을 할 수 있을지는 상상만으로는 알 수 없다. 머릿속에서는 불가능해 보이는 일도, 막상 시도하면 의외로 해낼 수 있는 경우가 많다.

예를 들어, 아무 도구 없이 A4 용지를 몇 초 만에 30cm 너머로 보낼 수 있을까? 종이를 뭉쳐 공처럼 던지면 공기 저항 때문에 20cm도 채 못 간다. 하지만 종이를 비행기 모양으로 잘 접으면 30cm를 훌쩍 넘길 수도 있다.

그럼 돛을 단 요트를 역풍 속에서 전진시킬 수 있을까? 머리로 생각해 보면 돛이 역풍을 받아 요트가 후퇴하는 모습밖에 상상되지 않는다. 그러나 숙련된 요트 조종사는 돛의 방향을 좌우로 바꾸면서 역풍 속을 지그재그로 전진할 수 있다.

바로 이런 것이 실전에서 만들어진 지성이다.

머리로만 생각하면 상식의 테두리 안에 갇혀 그 너머로 나아가지 못한다.

만약 모든 결과를 머릿속에서 완벽하게 예측할 수 있다면, 시행착오와 실험, 현장 경험은 애초에 필요하지 않을 것이다.

우리 삶도 마찬가지다. 어떤 일을 하면 이런 결과가 나올 것으로 추측은 할 수 있지만, 그것이 실제로 맞는지는 해봐야 알 수 있다.

해보면 예상보다 쉽게 풀릴 때도 있고, 사소한 문제가 큰 장애물이 될 때도 있다. 사업 성공의 핵심이 제품이나 광고가 아니라 의외로 접객 방식에 있을 수도 있다. 베테랑의 경험이란 결국 현장에서 얻은 체험의 산물이다.

이런 실천적 지식은 미리 배울 수 없다. 각자가 직접

부딪치며 그 자리에서 깨달아야 터득된다. 그리고 현장에서는 우리의 장점이 단점으로, 단점이 장점으로 보일 때도 있다. 음울해 보이는 성격이 차분함으로 비치고, 미소가 비웃음으로 오해되며, 서툰 말투가 성실함으로 느껴지는 것처럼 말이다.

인생도 마찬가지다. 살아봐야 알 수 있다. 연애도 역시 그렇다. 사귀어봐야 안다. 모든 학문을 거치고 나서 마침내 그 깨달음을 얻는 이가 바로 괴테의 『파우스트』 속 주인공 늙은 파우스트 박사다. 그는 평생 학문에 몰두했지만, 그 어떤 지식에서도 삶의 의미를 찾지 못하고 절망에 빠진다. 그때 악마 메피스토펠레스가 나타나, "네가 원하는 모든 쾌락과 경험을 주겠다."라는 제안을 한다. 파우스트는 영혼을 담보로 이 제안을 받아들이고, 그 대가로 젊음을 되찾는다. 이후 그는 책상 앞에서 이론만 쌓던 과거를 버리고, 직접 행동하며 세상의 다양한 경험을 추구하는 삶을 시작한다.

'해봐야 안다.'라는 원리는 자기 성장에도 똑같이 적용된다. 조건이 갖춰지지 않았다거나 시간이 없다는 말은 핑계가 될 수 없다. 내가 어떻게 변할지는 행동하지 않으면 알 수 없으며, 그 속도조차 예측할 수 없다.

다만 한 가지는 예측할 수 있다. 무엇을 하든 크고 작은 문제와 고난, 고통이 반드시 나타난다는 점이다. 그리고 그것들을 극복하는 순간, 비로소 그것이 나의 인생이 된다.

체험하라. 두려움 없이 온몸과 마음으로 깊이 체험하라.
그러나 거기서 멈추지 말고, 그 체험을 몸에 새겨라.
아니, 그것만으로도 부족하다.
몸에 익힌 것을 하나도 남김없이 활용하라.
인생은 결국 네가 스스로 걸어가는 여행길이니까.

『인간적인 너무나도 인간적인』

변화를 두려워하지 말자

자기초극을 이어가며 자신을 성장시키다 보면, 어느 순간 주변의 시선이 낯설게 느껴지고, 예전에는 잘 맞던 사람들과도 서서히 거리가 생기게 된다. 그 대신 이전에는 전혀 몰랐던 사람들과 새로운 인연이 맺어진다. 직업이 바뀌면 인간관계도 달라지고, 사는 곳이 바뀌면 생활환경 역시 변화한다. 결국 인간은 끊임없이 변화하는 존재다.

늘 같은 장소에만 머무는 사람도 많지만, 무언가를 이루려면 변화해야만 한다. 그게 바로 삶이다.

예수는 정치범으로 몰려 십자가형을 당하기 전, 이렇게 말했다.

"진실을 말하는 자는 고향에서 환영받지 못한다."(성경 원문: "어떠한 예언자도 자기 고향에서는 환영을 받지 못한다.")

2천 년 전, 옛날에도 사람들은 변화를 쉽게 받아들이지 않았다. 고향을 떠나지 못한 사람들은 어릴 때와 같은 모습 그대로 사는 것을 당연하게 여겼다. 그들 자신의 내면의 변화가 본인도 알아차리지 못할 만큼 아주 미미했기 때문이다. 이런 태도는 시골뿐 아니라 도시에서도 흔하다. 사람들은 남에게 한 번 꼬리표를 붙이게 되면 그걸 자기 손으로 떼려고 하지 않으며, 대부분 상대를 실제보다 훨씬 낮게 평가한다. 그런 사람들에게는 굳건한 신념이 있다. 자신은 이미 훌륭하고 완성된 성인이며, 인간의 본성은 혈통이나 집안처럼 세월이 흘러도 변하지 않는다는 보수적인 믿음 말이다. 그들 앞에서 누군가가 크게 변화한 모습을 보이면 그가 혼자 심취해서 연기 하는 것이라 여기면서, 오직 세월이 주는 변화만을 인정한다.

그러나 현실에서 세계와 인간은 끊임없이 변한다. 세계가 변화하지 않으면 존재 자체를 유지하기 어렵다. 쇼펜하우어는 "변화하는 세계야말로 정상적인 상태"임을 주장했고, 니체는 '탈피하지 않는 뱀은 죽는다.'라는 말로 이를 표현했다.

이어 그는 "자신의 의견이나 태도를 바꾸지 못하는 정신도 죽는다."라고 덧붙였다. 여기서 '죽는다.'라는 것은 단순한 생물학적 죽음이 아니라, 변화를 거부한 정신이 성장과 생명력을 잃는 상태를 뜻한다. 오래된 나를 부정하고 초월하는 과정이 없다면, 정신은 점점 굳어지고 결국 생명력을 잃는다. 니체는 또 이렇게도 말했다.

"잊지 말아라! 우리가 더 높이 올라갈수록, 날지 못하는 사람들에게 우리는 더욱 작게만 보인다."

여기서 '날지 못하는 사람들'은 자기초극을 하지 않고 변화하지 않는 사람, 관습과 고정관념과 혈연, 지연으로 연결된 땅에만 붙어서 사는 사람을 뜻한다. 그런 사람들이 하늘을 올려다보면 자기초극을 해서 높은 곳으로 멀리 멀리 날아가는 이가 작게 보이게 되니 그를 하찮은 존재로만 여기게 된다는 것이다.

니체의 이러한 문장을 여러 번 읽다 보면, 어쩐지 기묘한 느낌을 지울 수 없다. 철학서인데도 그 내용은 비유와 암시 표현으로 가득 차 있는 시문(詩文)에 가깝기 때문이다.

일반적인 철학책이 논리와 설명으로만 채워진 것과 달리, 니체의 문장은 강렬한 시적 이미지로 빛난다. 여기에는 철학을 예술로 만들고자 했던 그의 의도와, 철학이라는 형식마저 초월해 전혀 새로운 표현을 창조한 니체의 자기초극이 담겨있다. 하이데거를 비롯한 몇몇 철학자들도 시를 썼지만, 자기초극의 철학 자체를 대담하게 시적으로 풀어낸 이는 오직 니체뿐이다. 그러나 이상하게도 하자들은 이 점을 거의 지적하지 않는다. 반면, 일본 소설가 가이코 다케시는 이를 단번에 간파했다. 그는 『바람에게 물어라風に訊け』에서 이렇게 썼다.

'철학은 이성으로 쓴 시다. 그것은 시가 분명하다. 논

리로 생각하면 안 된다. 그저 시다.'

니체는 자기초극을 표현할 때 종종 '비상(飛翔)'의 이미지를 사용했다. 더 높은 곳으로 날아오르는 모습은, 기존의 나를 벗어나 새로운 차원으로 나아가는 변화를 상징한다. 그러나 그는 한편으로는 이를 '사막을 걷는 것'에 비유하기도 했다. 이는 자기초극의 길이 고독하고, 끝없이 이어지며, 멈추지 않고 나아가야 하는 여정임을 보여준다. 그는 『아침놀』에서 이렇게 말했다.

나는 전진하는 것이 좋다. 전진해 나가는 사람들이 좋다.

자기 자신을 몇 번이나 앞지르며 성큼성큼 나아가는 사람이 좋다.

뒤나 앞에 누가 있는지 개의치 않고, 자기 마음대로 걷는 사람이 좋다.

걷다가 멈추면 자신이 외톨이라는 것을 알게 된다.

그렇지만 멈출 필요는 없다. 사막은 끝없이 넓으니까.

『아침놀』

탈피하지 않는 뱀은 결국 죽는다.

인간도 마찬가지다.

항상 새롭게 살아가기 위해서는

우리도 생각의 신진대사를

끊임없이 일으켜야 한다.

『아침놀』

인생은 니체에게 물어라

초판 1쇄 발행 | 2025년 11월 10일
초판 1쇄 발행 | 2025년 11월 15일

지은이 | 시라토리 하루히코
옮긴이 | 김진아
감수 | 김규리
펴낸이 | 최근봉
펴낸곳 | 도서출판 넥스웍
등록번호 | 제2014-000069호
주소 | 경기도 고양시 일산동구 장백로 20 102동 905호
전화 | 031) 972-9207
팩스 | 031) 972-9208
이메일 | cntpchoi@naver.com

ISBN 979-11-88389-66-7 (13190)

- 값은 표지 뒷면에 표기되어 있습니다.
- 잘못된 책은 구입하신 서점에서 바꾸어 드립니다.
- 이 도서의 저작권은 도서출판 넥스웍에 있으며 일부 혹은 전체 내용을 무단복사, 전제하는 것은 저작권법에 저촉됩니다.